Alles Poletto!

Cornelia Poletto

Alles Poletto!

Weltbild

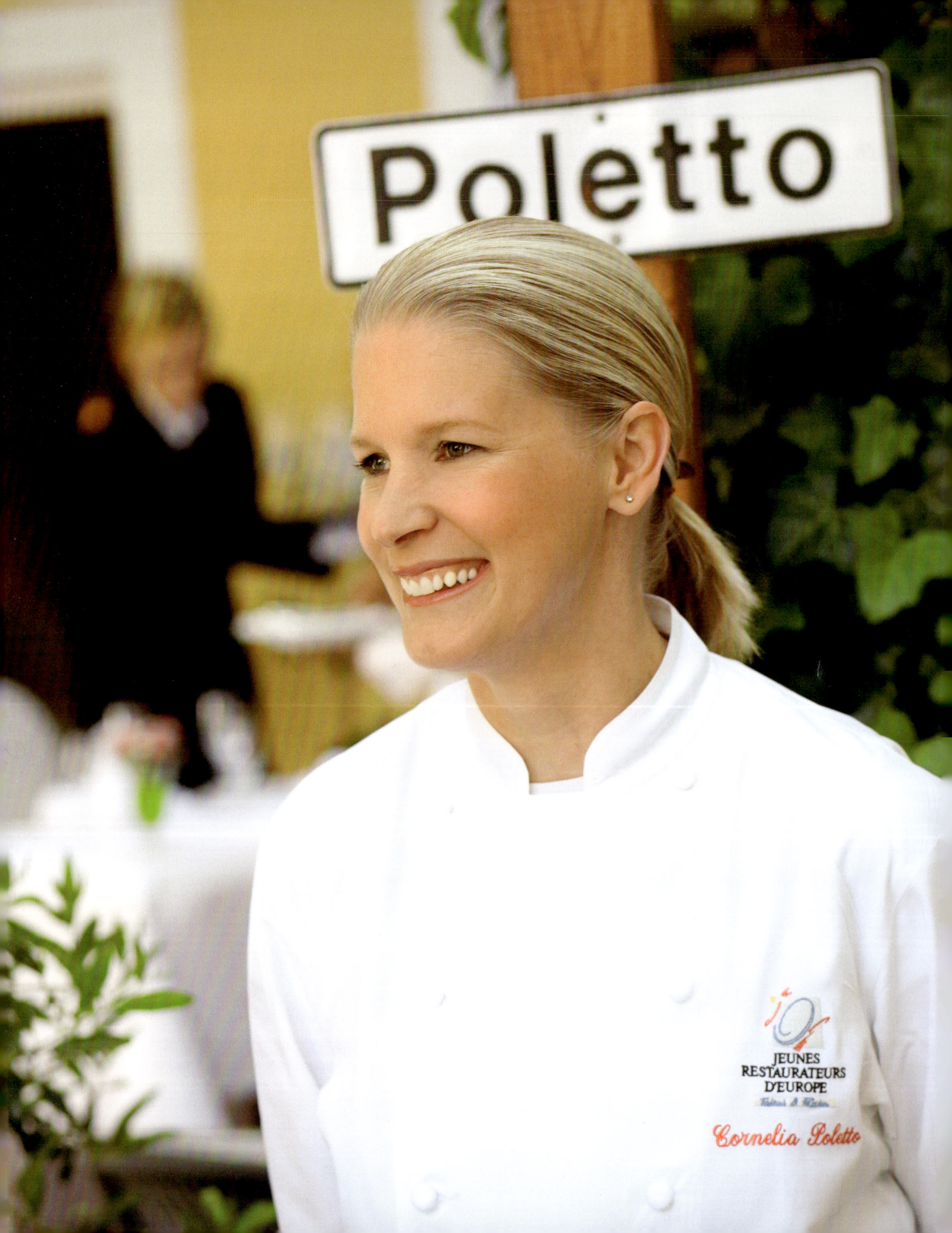
Poletto
JEUNES
RESTAURATEURS
D'EUROPE
Cornelia Poletto

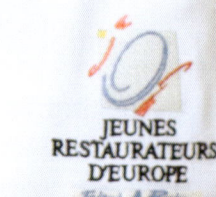

Vorwort		**7**
Cornelia Poletto und die Liebe zum Produkt		**11**
	Qualität ohne Kompromisse	**17**
	Remigios Weine	**19**

Warenkunde – Küchenpraxis – Rezepte

Artischocken	*Tausendsassas, die es in sich haben*	**21**
Bohnen	*Kraftpakete aus der Hülse*	**37**
Endivien	*Knackig-herbe Familienbande*	**51**
Feigen	*Süßes für mutige Kombinierer*	**67**
Huhn	*Bodenständiges Federvieh*	**81**
Kabeljau	*Ungeheuer lecker aus der Tiefe*	**97**
Lamm	*Kleines Schaf mit großen Vorzügen*	**115**
Muscheln	*Geschmacksnoten aus der See*	**131**
Schokolade	*Sündig süßer Musenkuss*	**151**
Tomaten	*Geliebter Paradiesapfel*	**171**

Grundrezepte/Glossar		**188**
Register		**190**
Impressum		**192**

Der Autor des Einführungstextes

»**Gerd Rindchen** ist – neben seinem Beruf als freier Foodautor und Weinexperte – ein langjähriger Freund, der meine Restaurantküche von Beginn an kennt und begleitet hat. Viele Jahre schrieb er Restaurantkolumnen, u. a. für das »Hamburger Abendblatt«. Seine letzte Restaurantkritik dort erschien Ende 2000 über unser unmittelbar vorher eröffnetes Restaurant Poletto.«   *Cornelia Poletto*

Liebe Leserin, lieber Leser, liebe Genießer,

mit diesem Buch möchte ich Sie ganz herzlich einladen: Entdecken Sie mit mir gemeinsam den Zauber der mediterranen Frischeküche – und lassen Sie sich angenehm davon überraschen, wie leicht Sie viele dieser Zubereitungen zu Hause nachkochen können!

Lassen Sie sich entführen in die Welt der sinnlichen, leichten Zutaten, die eine solche Küche erst möglich machen.

Ich möchte Sie gerne mitnehmen auf eine kleine kulinarische Reise: Ins Reich der kompromisslos erstklassigen Zutaten, denn diese sind die wichtigste Voraussetzung für gutes Essen.

Daher habe ich für Sie zehn meiner liebsten Produkte ausgesucht: Das sind spannende, zum Teil völlig unterschätzte »Lebens-Mittel« im besten Sinne. Sie werden Ihnen viel Freude und Genuss bereiten – wenn Sie schon beim Einkauf auf beste Qualität achten. Zu diesen Produkten enthält das Buch über meine Rezepte hinaus hilfreiche Tipps, die Ihnen auch bei Ihren eigenen Kreationen zugute kommen werden. Denn eines glaube ich ganz gewiss: Dass die frische, leichte, animierende und aromenreiche Küche, die auch ich so liebe, Ihnen überall und zu jeder Zeit Freude bereiten kann.

Wenn dieses Buch dazu beitragen kann, dass Sie »Feuer fangen« und sich lustvoll in die Welt der mediterranen Genüsse stürzen – dann habe ich mein Ziel für Sie erreicht!

Mit den besten Grüßen
Ihre

Cornelia Poletto

Cornelia Poletto

und die

LIEBE ZUM PRODUKT

Cornelia Poletto zählt nicht nur zu den besten, sondern auch zu den bekanntesten deutschen Köchinnen. Mit ihrer konsequenten Philosophie hat sie sich gegen alle Zweifler, Widerstände und Anfangsschwierigkeiten durchgesetzt – und das ist auch gut so.

Aller Anfang ist schwer. Das erste Mal begegnete mir Cornelia Poletto als Gastköchin während eines Weinmenüs, das in einem Restaurant ausgerichtet wurde. Mit einigen brillanten kulinarischen Einfällen und großem Einsatz trug sie maßgeblich dazu bei, den Abend zu einem gelungenen Ereignis werden zu lassen. Nach getaner Arbeit saßen wir bei einem Glas Wein zusammen. Sie und ihr Mann Remigio erzählten mit leuchtenden Augen von den Plänen zur Selbstständigkeit und der schwierigen Standortsuche für ein eigenes Restaurant. Bereits hier blitzten die ungeheure Energie, das Können und die Beharrlichkeit auf, mit denen kurze Zeit später das »Poletto« zu dem wurde, was es heute ist – ein Spitzenrestaurant mit höchsten Qualitätsansprüchen.

Für Cornelia Poletto war das Ziel Selbstständigkeit immer klar. Nach der Ausbildung in einer Hotelfachschule und der anschließenden Lehre bei Sternekoch Heinz Winkler in Aschau wurde sie Sous-Chefin im »Anna e Sebastiano«. Dort sprossen zwischen Cornelia Diedrich und Remigio Poletto die ersten zwischenmenschlichen Regungen. Frisch liiert übernahmen die beiden 1999 gemeinsam als Angestellte die Leitung des italienischen Restaurants eines noblen Autohauses am Hamburger Flughafen. Trotz seiner problematischen Lage wurde das »Fiorano« ein Erfolg: primär auf Grund der Kochkünste von Cornelia, die sich im »inner circle« der Hamburger Gourmets schnell herumsprachen, aber auch wegen der charmanten Art und der kompetenten Weinberatung, mit denen Remigio dem Lokal ein unverwechselbares Flair verlieh. Schnell stand für beide fest. »Wenn wir es hier schon packen, dann können wir es auch alleine«.

Mitte 2000 begann die Suche nach einem geeigneten Lokal. Die Wahl fiel schließlich auf das »Il Gabbiano« im noblen Hamburg-Eppendorf, einen einstigen In-Italiener, der zu dieser Zeit jedoch seinen Zenit bereits überschritten hatte. Gut zweieinhalb Monate renovierten Cornelia und Remigio und ließen buchstäblich keinen Stein auf dem anderen. Von Anfang an war geplant, den klaren, puristischen Stil, der für die Küche so bezeichnend ist, auch in der optischen Anmutung des Restaurants widerzuspiegeln. Ende Oktober 2000 wurde dann das »Poletto« eröffnet.

Cornelia Poletto hatte ihren Masterplan von Beginn an im Kopf. Nur die besten Zutaten durften es sein, ohne jeglichen Hauch eines Kompromisses. Gute Lebensmittel, das weiß jeder, sind aber teuer. Demzufolge waren auch die Preise im Restaurant von Anfang an gerechtfertigt hoch. Fehlten nur noch die Gäste, die diesen Anspruch auch verstanden und bereit waren, ihn entsprechend zu honorieren. Dafür stand das Timing – Eröffnung zeitgleich mit dem Zusammenbruch der »New Economy« und der Aktienmärkte im Herbst 2000 – scheinbar unter keinem guten Stern. Viele der jungen Neureichen, die das »Fiorano« im Ferrari- und Maseratihaus bevölkert und auf die die Polettos als Gäste gebaut hatten, waren plötzlich gar nicht mehr so betucht. Und alteingesessene Hanseaten zu überzeugen, nach höchstens 25 Jahren mal ein anderes Restaurant auszuprobieren als den Stammitaliener, ist kein leichtes Unterfangen. In einem Monat, es war gerade die hohe Zeit der weißen Trüffeln, »schaffte« es Cornelia sogar, den Wareneinsatz der Speisen auf unglaubliche 65 Prozent hochzufahren (üblich sind maximal 35 Prozent). Das führte dann zu einer lebendigen innerfamiliären Debatte, denn so etwas hält gewöhnlich kein Restaurant durch. Natürlich fehlte es in dieser schwierigen

Eine gute und lockere Atmosphäre mit den Mitarbeitern ist mir sehr wichtig. Sie ist eine Grundvoraussetzung für kreatives Arbeiten.

Phase nicht an klugen Ratschlägen. Cornelias Mutter riet: »Mach doch einfach ein Bistro aus dem Laden«. Auch ich fühlte mich bemüßigt, über »gefühlte Preisschwellen, die man nicht überschreiten sollte«, und »nötige Kompromisse beim Wareneinsatz« daherzureden. Andere Menschen empfahlen Ähnliches. Cornelia hörte sich alles ruhig, mit einem feinen Lächeln an – und machte völlig kompromisslos weiter wie gehabt. Mit nahezu fanatischer Beharrlichkeit feilte sie an ihrer Vision vom »Restaurant der besten Produkte« – und hatte schließlich Erfolg.

Doch bis dahin floss noch einiges Wasser die Elbe hinunter – und ein weiteres Ereignis ereilte die Polettos. Ein sehr erfreuliches im Übrigen, wenngleich es in der damaligen Situation das Leben nicht einfacher machte. Das Ereignis heißt Paola, ist eine sehr lebendige junge Dame mit funkelnden Knopfaugen und kam am Montag dem 11. Februar 2002 zur Welt. Am 9. Februar verabschiedete sich Cornelia von Stammgästen mit den Worten: »Nächsten Samstag sehen wir uns wieder – ohne Bauch!« Und so kam es auch.

Der Durchbruch kam dann im Oktober des selben Jahres: Nachdem vorher die Trendscouts der Branche, der Feinschmecker und der Gault Millau, das Restaurant für sich entdeckt und besprochen hatten, bekam das „Poletto" dann seinen ersten Michelin-Stern. Andere Publikationen zogen nach, und eine Flut von lobenden Restaurantkritiken und Presseberichten überrollte das kleine Lokal. Was zur Folge hatte, dass das Restaurant sich regen Zustroms erfreute. Die Sorgen wurden schlagartig weniger – jetzt ging's bergauf. Auch für Zeitschriften war die Story »junge hübsche Köchin hat Erfolg und kriegt fast zeitgleich Kind und Stern« natürlich ein gefundenes Fressen. Und da Cornelia Poletto nicht nur gut aussieht, sondern auch zusammenhängende Sätze unfallfrei formulieren kann und dies auch ohne Scheu tut, zeigte bald das Fernsehen Interesse an der Aufsteigerin aus Hamburg.

Wer immer Cornelia Poletto als Gast begegnet, hat das Vergnügen mit einer überaus charmanten jungen Dame: den ihr eigenen Perfektionismus hat die Patronne auch auf die Außendarstellung übertragen. Freundlich, geduldig und mit echter Begeisterung wird sie schildern, was in der Küche Gutes auf den geneigten Esser wartet. Und wenn die feengleiche, zarte Gestalt mit dem blonden Haar fein lächelnd in die Küche entschwindet, wird er sicher sein: Hier entstehen große Gerichte in einer spielerischen Harmonie unter Freunden – manchmal unterlegt von den verträumten Klängen eines ungarischen Stehgeigers.

Durchaus desillusionierend kann es da sein, wenn der nämliche Gast sein Auto auf dem Restaurantparkplatz hinter dem Haus abgestellt hat und der Küchenbrigade gerade etwas missraten ist: Dann mag es passieren, dass kehlige Laute, die eher an den nahen Tierpark erinnern, aus der

Das A und O: Ein richtig gutes Olivenöl kommt immer auf den Tisch. Und natürlich darf ein Kaffee nicht fehlen.

Küche dringen. Da wird dann gebrüllt und geschimpft und getobt. Und das ist dann nicht etwa ein böser Sous-Chef, nein: Die Lady kann auch anders. Auch das erklärt sich aus dem Perfektionsdrang, dem hohen Anspruch an sich selbst und das Restaurant, dem Cornelia Poletto sich und ihr Team unterwirft. Kochen auf Sterneniveau ist Stress pur. Und das Tag für Tag, Gang für Gang und Gast für Gast. Jeder Teller, der rausgeht, jedes noch so kleine Amuse Bouche müssen die Klasse des Restaurants stets aufs Neue beweisen. Wenn dann einer der Köche durch Unachtsamkeit oder mangelnde Konzentration mit einem Handgriff eine erstklassige Kreation zerstört (und das kann sehr schnell gehen!) – dann kann es eben auch mal lauter werden. Letztlich geht es auch nicht anders: Die Küche ist ein raues Pflaster, wo oft Sekunden über Ge- oder Misslingen eines Gerichtes entscheiden. Da muss man sich dann eben resolut Gehör verschaffen.

Gerd Rindchen

Qualität ohne Kompromisse!

Gutes Essen ist etwas Wunderbares. Wirklich gutes Essen kann aber nur aus wirklich guten Produkten entstehen. Und das bedarf einer intensiven Auseinandersetzung damit. Was unterscheidet eine richtig gute Tomate, die Zeit hatte, lange an der Sonne heranzureifen, von ihren mit Tomatenaroma besprühten, geschmacksneutralen Artgenossen aus dem Gewächshaus? Wie erkenne ich das überhaupt? Wer hilft mir, die Spreu vom Weizen zu trennen? Und wie gehe ich mit einer solchen guten Tomate um? Weiß ich, dass das Aroma dieser Tomate im Kühlschrank unweigerlich zerstört wird?

Mein Tipp für Sie: Suchen Sie sich Verbündete. Versuchen Sie, den Obst- und Gemüsehändler, den Fischhändler, den Metzger oder den Wild- und Geflügelspezialisten Ihres Vertrauens zu finden. Gehen Sie mit offenen Sinnen über die Wochenmärkte – hier gibt es zum Teil erstklassige, engagierte Erzeuger oder Händler, die Ihnen viel Produktwissen vermitteln können. Akzeptieren Sie aber bitte, dass Sie dafür etwas mehr Geld ausgeben müssen als beim Discounter um die Ecke. Letztlich sind es häufig nur geringe Beträge, die den Unterschied zwischen der Super- und der Wassertomate ausmachen. Wenn Sie im ländlichen Raum wohnen: Hier ist die Auswahl an Einkaufsmöglichkeiten vielleicht nicht so groß. Aber möglicherweise haben Sie tolle Landwirte oder Jäger in Ihrer Nähe, die Ihnen frische regionale Produkte liefern können. In vielen Gebieten, vor allem in Süddeutschland, haben gut sortierte Supermärkte längst die Funktion des qualifizierten Fisch- und Gemüsehändlers, Metzgers oder Käseaffineurs übernommen. Wenn ein engagierter Betreiber dahinter steht, finden Sie hier oft

Nudeln selber herzustellen macht Spaß. Den Teig dreht man entweder durch die Nudelmaschine oder man rollt ihn über der »guitarra« aus.

sehr gute Produkte in den Frischabteilungen. Es erfordert zuerst ein wenig Zeit und Mühe, zu recherchieren, sich umzuhören und sich ein Netz vertrauenswürdiger Lieferanten und Produzenten aufzubauen. Die Mitgliedschaft in einem Verein wie »Slow Food« kann ebenfalls nützlich sein: Hier ist sehr viel Wissen um regionale Top-Erzeuger gebündelt und andere Mitglieder können Ihnen wertvolle Tipps geben. Und: Lassen Sie sich auch den richtigen Umgang mit Produkten vermitteln. Gute Produkte sind fordernd: Sie verlangen Respekt vor ihren Eigenheiten – aber sie lohnen es Ihnen vielfach. Und je mehr Sie sich mit den Lebensmitteln auseinander setzen, je mehr Sie wissen: Desto mehr Spaß werden Sie am Kochen haben und desto besser werden Ihnen Ihre Gerichte gelingen.

Cornelia Poletto

Remigios Weine

Ich bin gebürtiger Friulaner. Im Friaul gehört der Wein einfach zum alltäglichen Leben. Es ist völlig normal, zum gemeinsamen morgendlichen Schinkenschlemmen ein Glas Weißwein zu trinken. Das zweite Glas gibt es dann mittags zur Pasta und zum Abendessen gehört sowieso guter Wein dazu. Da stehen dann nicht unbedingt die ganz großen, alkohollastigen Kracher auf dem Tisch. In den klassischen Weinanbauregionen ist man seit Generationen den Umgang mit Wein als belebendem und, wie man ja inzwischen weiß, in Maßen genossen sogar gesundem Genussmittel gewohnt. Diese selbstverständliche Tradition des Weines versuche ich auch in unserem Restaurant zu vermitteln. Bisweilen empfehle ich unseren Gästen Gewächse, die diese mit ihrer Leichtigkeit, Grazilität und Mineralität überraschen. Aber auch die großen, bedeutenden Reben finden bei uns ihre perfekte Bühne. Bei keiner Gelegenheit blüht ein großer Wein besser auf als bei einem guten Essen. Das feine Zusammenspiel der Aromen und Geschmäcker auf höchstem Niveau zu vermitteln, sehe ich als meine Mission. Das Herkunftsland spielt dabei keine Rolle: Nur weil ich Italiener bin, empfehle ich nicht nur italienische Weine! Gerade beim Weißwein habe ich ein ausgesprochenes Faible für knackige deutsche Rieslinge, würzige Veltliner aus Österreich oder straffe, säurebetonte Sauvignons von der Loire. Und die Komplexität eines großen Pinot Noirs aus dem Burgund ist nach wie vor eine der denkbar faszinierendsten Rotwein-Erfahrungen. Das sind auch Weine, die mit Cornelias inspirierender Küche besonders gut harmonieren. Ganz wichtig beim Wein ist für mich eine klare Identität. Mit den international gemachten Weinen, die von überallher stammen könnten, kann ich

Als Essensbegleiter eignen sich häufig leichte, mineralische Weißweine oder unkomplizierte Rotweine.

gar nichts anfangen. Ein guter, authentischer Wein ist immer in erster Linie Ausdruck seines Terroirs und seiner Herkunft und zusätzlich geprägt durch die Handschrift des Winzers.

Wo ich meinen Wein kaufe

Ich hasse anonyme Supermärkte, die uns ohne jede Beratung mit einer riesigen Fülle von Produkten erschlagen. Ebenso wie Käse sollte man auch Wein beim guten Fachhändler kaufen. Suchen Sie sich einen Weinhändler, der Sie vernünftig beraten kann und bei dem Sie auch probieren können. Das muss nicht mal teurer sein als im Supermarkt – Sie haben auf jeden Fall eine bessere Chance, dass zu Ihrem liebevoll zubereiteten Gericht auch ein passender Tropfen auf dem Tisch steht. Ganz wichtig: Sagen Sie beim Probieren Ihre ehrliche Meinung – nur so kann sich der Weinhändler auf Ihren Geschmack einstellen und Ihnen das empfehlen, was nachher Ihnen – und hoffentlich Ihren Gästen – auch schmeckt.«

Remigio Poletto

Tausendsassas,
die es in sich haben

ARTISCHOCKEN sind sehr vielseitig. Ob gekocht, eingelegt oder roh mariniert – äußerlich spröde, sind sie doch immer spannend. Und immer schmeckt's! Artischocken sind **gesund.** Sie gehören mit zum Besten, was Sie Ihrem Körper geben können, denn sie räumen in Ihrem tiefsten Inneren richtig auf. Die Fettverbrennung wird angeregt und der Organismus wird gründlich entschlackt. Und Artischocken sind **überraschend preisgünstig** – und praktisch: Zwei Sößchen dazu und Sie haben mit zwei Artischocken plus Baguette ein abendfüllendes Programm **à deux.**

2 Romanesco

1 Catanese

5 Bretagne-Artischocke

3 Midi-Artischocke

4 Violetto di Toscana

Artischocken auf einen Blick

Rings ums Mittelmeer gedeiht die Artischocke, die schon vor 2500 Jahren bei den Römern und Ägyptern als kostbare Delikatesse galt. Essbar sind nur die Blütenknospen des Distelgewächses. Artischocken gibt es mittlerweile das ganze Jahr über, am größten ist die Auswahl im Frühsommer und im Spätherbst. Ihr feines, herbes Aroma verdanken sie dem Bitterstoff Cynarin – daher heißt auch der bekannteste Artischockenlikör »Cynar«. Dazu kommen beachtliche Anteile an Kalzium, Eiweiß, Eisen, Provitamin A und Vitamin B_1.

Da die Artischocke schon so lange als Nutzgemüse existiert, gibt es heutzutage eine große Artenvielfalt, von der Sie sich nicht verwirren lassen sollten. Die meisten sind lokale oder regionale Spezialitäten. Wenn Sie in Mittelmeerländern unterwegs sind – halten Sie einmal auf Märkten danach Ausschau! Für die Rezepte ist es unerheblich, welche Art Sie wählen (oder gerade frisch bekommen); wichtig ist nur, ob es sich um eine große oder kleine Artischocke handelt.

1 Catanese
Die längliche, mittelgroße Sorte kommt aus Italien, wo sie im Februar auf keiner Speisekarte fehlt. Sie ist an ihren grünen Blättern erkennbar, die sich an den Spitzen violett färben. Sie werden in Italien gerne mit unterschiedlichen Füllungen zubereitet.

2 Romanesco
Eine bedeutende italienische Sorte: Sie ist eine der wichtigsten Artischocken für den Handel, zeichnet sich durch ihre eher kugelförmige Kopfform aus und besitzt grüne Blätter mit leicht violetter Deckfarbe. Auf dem Markt ist sie von März bis Juni.

3 Midi-Artischocke
Diese Varietäten der Bretagne-Artischocken zeichnen sich durch ihre violetten Blütenblätter aus. Zu ihnen gehören die Violet de Provence, Violet d'Hyères oder Violet des Gapeau.

4 Violetto di Toscana
Eine weitere italienische Sorte, die in ihrer Heimat sehr begehrt ist. Sie hat eine elliptische Kopfform mit außen violetten und innen grünen Blättern.

5 Bretagne-Artischocke
Zu ihnen gehört die dicke Camus de Bretagne, die bis zu 500 g wiegen kann – und trotzdem heißt sie auch »Stupsnase«, wegen ihrer runden Form. Weitere Sorten sind die Camery und Caribou.

Extratipp
Versuchen Sie bei Ihrem Gemüsehändler, ganz junge Artischocken zu ergattern – die sind so zart, dass sie als Ganzes genossen werden können!

REMIGIOS WEINTIPP

Zwei, die sich mögen: Artischocke und Riesling
Zu Cornelias köstlichen Artischocken-Kreationen empfehle ich immer gern einen guten Riesling. Allerdings nicht irgendeinen: Es sollte schon ein Gewächs mit einer gewissen Struktur sein. Ideal ist z. B. eine Riesling-Spätlese aus dem Rheingau, sofern ein guter Erzeuger dahinter steht. Diese sollte, auch wenn sie an sich trocken ausgebaut ist, noch ein wenig Restzucker mitbringen (bis zu acht Gramm sind bei als trocken deklarierten Weinen zulässig), weil dieser den herben Charakter der Artischocke gut auffängt. Zudem korrespondiert die ausgeprägte Mineralität, wie sie den Weinen der besten Rheingauer Winzer zu eigen ist, sehr schön mit dem erdigen Aromenspektrum der Artischocke. Gut eignen sich überdies auch kräftige, eher trockene Pfälzer Rieslinge oder grazile, schiefergeprägte Moselweine, ebenfalls mit einer gewissen Restsüße ausgestattet.

c

d

g

Artischocken vorbereiten

Mit einer Küchenschere die stacheligen Blätter am Stiel abschneiden. Den langen Stiel kürzen.

a Den verbliebenen Teil des Blütenstiels großzügig abschälen, ebenso Blattansätze und harte Stellen an der Bodenunterseite entfernen.

b Die zähen äußeren Hüllblätter bis auf die hellen Innenblätter großzügig abzupfen.

c Die Blattspitzen abschneiden.

d Junge Artischocken können Sie nun so zubereiten.

e Geputzte Artischocken in Zitronenwasser legen.

f Das »Heu« löst man am besten mit dem Kugelausstecher oder scharfkantigen Teelöffel heraus.

g Von großen Artischocken den Stiel herausbrechen – dadurch werden die harten Fasern aus dem Boden herausgezogen.

Artischocken
mit feinem Kräuterdip

Zubereitungszeit 35 Min.
Zutaten für 2 Personen

Für die Artischocken

1 Bio-Zitrone
2 schöne, große Artischocken
4 Zweige Thymian
2 Zweige Rosmarin
1/2 Knoblauchknolle
2 EL Meersalz, z. B. Fleur de Sel

Für den Dip

1 Schalotte
1 Knoblauchzehe
2 EL Meersalz, z. B. Fleur de Sel
1 hart gekochtes Ei
3 EL Schnittlauch, fein
   geschnitten
1 EL Kerbel, fein geschnitten
1 EL Estragon, fein geschnitten
1 EL Basilikum, fein geschnitten
50 ml milder Weinessig
   (z. B. Trockenbeerenauslese-
   Essig von Kracher)
200 ml bestes Olivenöl
schwarzer Pfeffer
Zucker nach Belieben

Zitrone im Garsud verhindert, dass Artischocken sich verfärben.

Die Blätter einzeln abzupfen und mit dem Dip genießen.

1. Die Zitrone waschen und in Scheiben schneiden. Die Artischocken waschen, die Stiele herausbrechen und die Früchte in einen großen Topf geben. Mit Wasser bedecken, Zitrone, Kräuter, Knoblauchknolle und Salz dazugeben. Zum Kochen bringen, die Hitze reduzieren und die Artischocken in ca. 25 Min. weich garen.

2. Inzwischen den Dip zubereiten. Schalotte und Knoblauch schälen, fein würfeln und kurz in kochendes Salzwasser geben. Durch ein feines Sieb abgießen. Das Ei pellen und fein hacken. Mit allen Zutaten zu einer Vinaigrette vermischen. Mit Salz, Pfeffer und eventuell 1 Prise Zucker abschmecken.

3. Die Artischocken aus dem Sud nehmen, abtropfen lassen und leicht aufgeblättert auf Teller geben. Den Dip separat dazu reichen. Die Blätter von außen nach innen einzeln abzupfen und mit dem fleischigen Blattansatz in die Vinaigrette dippen.

POLETTOS KOCHTIPPS

Die harte Blätterarbeit wird am Ende mit einem wunderbar zarten Artischockenboden belohnt. Hierzu das »Heu« mit einem Löffel entfernen und den Boden genießen. Wer Abwechselung in dieses Gericht bringen möchte, kann weitere Dips, wie z. B. die Anchovis-Senf-Mayonnaise aus dem Muschelkapitel von Seite 137, dazu reichen.

Eingemachte Artischocken
in Olivenöl

Zubereitungszeit 1 Std.
Zutaten für 1 großes Einmachglas

6 mittelgroße Artischocken
4 Knoblauchzehen
je 3 Zweige Rosmarin und
   Thymian
100 ml Rotweinessig
1 EL Meersalz, z. B. Fleur de Sel
1/2–3/4 l mittelfruchtig-pikantes
   Olivenöl (z. B. griechisches
   Koroneiki)
2 EL große Kapern

a Die Böden in Essigwasser bissfest garen. **b** Die Artischocken werden in einer Marinade aus Olivenöl, Knoblauch, Kapern und Kräutern eingelegt.

1. Die Artischocken küchenfertig vorbereiten (s. Seite 24/25), bis man nur noch die Böden hat. Die Knoblauchzehen abziehen und in Scheiben schneiden. Die Kräuter waschen und trockenschütteln. Artischocken, die Scheiben von 2 Knoblauchzehen und je 1 Kräuterzweig in einen Topf geben, mit Wasser bedecken, Rotweinessig und Meersalz dazugeben und alles aufkochen lassen. Die Hitze reduzieren und die Artischocken in ca. 8 Min. »al dente« garen. Den Sud weggießen.

2. Die Artischocken aus dem Sud nehmen und auskühlen lassen. Das Olivenöl mit dem restlichen Knoblauch, Kapern, Rosmarin und Thymian auf etwa 80° erhitzen. Die Artischockenböden in ein Einmachglas geben. Mit dem heißen Olivenöl samt den Gewürzen bedecken und den Deckel schließen.

3. Das Einmachglas möglichst kühl und dunkel aufbewahren. Solange die Artischocken komplett mit Öl bedeckt sind, halten sie sich 6 Monate.

POLETTOS KOCHTIPPS

Ich liebe es, Gemüse während ihrer Saison in größerer Menge einzukaufen und für die Wintermonate einzukochen. So schaffe ich mir einen Hauch Sommer für traurige Novembertage.
Beim Putzen von Artischocken trage ich dünne Einweghandschuhe, denn die Artischocken färben die Hände oft dunkelbraun.

Knusper-Artischocken
mit Kräuter-Mesclin und Ziegenkäse

Zubereitungszeit 40 Min.
Zutaten für 4 Personen

4 kleine Artischocken
Saft von 1/2 Zitrone
100 g gemischter Kräutersalat
   (z. B. Strauchbasilikum,
   Rucola, Estragon, Löwenzahn,
   Radicchio, Frisée, Portulak)
1 große, fest kochende Kartoffel
Meersalz, z. B. Fleur de Sel
4 kleine Laibe Ziegenkäse
   (z. B. Picandou)
1/2 l Olivenöl
schwarzer Pfeffer
16 Rosmarinnadeln
4–6 EL Limetten-Balsamico-
   Vinaigrette (s. Seite 55)

Die rohen Artischocken auf einem
Gemüsehobel fein schneiden.

Ziegenkäse wird in vorgegarte
Kartoffelscheiben gepackt.

1. Die Artischocken küchenfertig vorbereiten (s. Seite 24/25), fein hobeln und
in Zitronenwasser legen. Die Salate und Kräuter putzen, waschen und trockenschleudern. Die Kartoffel schälen und waschen. Mit einem Gemüsehobel in dünne Scheiben hobeln und in Salzwasser kurz aufkochen lassen. Kalt abschrecken
und auf Küchenpapier kreuzweise übereinander legen. Den Ziegenkäse auf die
Kartoffelkreuze setzen, die Rosmarinnadeln darauf verteilen und die Enden der
Kartoffelschalen darüber einschlagen.

2. 450 ml Olivenöl in einem Topf auf ca. 170° erhitzen, die Artischockenspäne
auf Küchenpapier abtropfen lassen und im Öl goldgelb frittieren. Mit einer
Schaumkelle aus dem Öl heben und zum Entfetten auf Küchenpapier geben.
Die Knusperartischocken leicht salzen.

3. Das restliche Olivenöl in einer beschichteten Pfanne erhitzen. Die Ziegen-
käsepäckchen darin bei mittlerer Hitze in 5 Min. von beiden Seiten goldgelb
braten. Aus der Pfanne heben, salzen, pfeffern und auf Küchenpapier entfetten.
Den Kräutersalat in einer Schüssel mit der Vinaigrette marinieren. Auf vier Tellern
anrichten, den Ziegenkäse darauf setzen und mit den Knusper-Artischocken
bestreut servieren.

Roh marinierter Artischocken-Salat
mit Pecorinospänen

Zubereitungszeit 40 Min.
Zutaten für 4 Personen

8 kleine Artischocken
Saft von 2 Zitronen
Meersalz, z. B. Fleur de Sel
schwarzer Pfeffer
1 Prise Zucker
120 ml bestes Olivenöl
8 zerstoßene rosa Pfefferbeeren
mittelalter Pecorino zum Hobeln

1. Die äußeren Artischockenblätter entfernen, die Spitzen der restlichen Blätter abschneiden. Mit einem scharfen Messer den Stiel auf 3 cm kürzen und das grüne, holzige Stielende schälen. Mit einem Kugelausstecher das »Heu« aus den Böden entfernen (s. Seite 24/25). 1 1/2 l kaltes Wasser mit drei Vierteln des Zitronensafts mischen und die Artischocken darin »lagern«.

2. Den restlichen Zitronensaft durch ein feines Sieb gießen. Saft, Fleur de Sel, Pfeffer, Zucker und Olivenöl zu einer Vinaigrette rühren.

3. Die Artischocken mit einem Trüffelhobel oder einer Mandoline in möglichst dünne Scheiben direkt in die Vinaigrette hobeln. Etwa 15 Min. ziehen lassen. Die Artischocken auf vier Tellern anrichten, mit Pfefferbeeren und Pecorinospänen bestreuen.

Artischocken-Steinpilz-Kasserolle
mit Cocktailtomaten

Zubereitungszeit 50 Min.
Zutaten für 4 Personen

4 große Artischocken
Saft von 1/2 Zitrone
12 kleine Pellkartoffeln
   (z. B. la Ratte oder Grenaille)
12 kleine, feste Steinpilze
8 Cocktailtomaten
2 Rosmarinzweige
Olivenöl zum Braten
4 Knoblauchzehen
Meersalz, z. B. Fleur de Sel
schwarzer Pfeffer

1. Die Artischockenböden küchenfertig vorbereiten (s. Seite 24/25), achteln und in eine Schüssel mit Wasser und Zitronensaft legen.

2. Den Backofen auf 200° (Umluft 180°) vorheizen. Die gekochten Kartoffeln mit der Schale halbieren. Die Steinpilzstiele mit einem kleinen Küchenmesser abschaben, die Enden abschneiden und die Köpfe mit einem feuchten Küchentuch reinigen. Die Tomaten waschen. Den Rosmarin waschen, trockentupfen und die Nadeln abzupfen.

3. Etwas Olivenöl in einer Kasserolle (ich bevorzuge solche aus Kupfer) erhitzen. Die Artischocken auf Küchenpapier abtrocknen und in heißem Öl anbraten. Kartoffeln und ungeschälten Knoblauch dazugeben. Alles Farbe nehmen lassen. Pilze kurz mitbraten. Tomaten und Rosmarin dazugeben, in den Ofen geben und ca. 10 Min. garen lassen. Aus dem Ofen nehmen und mit Fleur de Sel und Pfeffer abschmecken. Die Artischocken-Steinpilz-Kasserolle schmeckt wunderbar als Beilagengemüse zu Huhn, Lamm und Fisch.

Rotbarbenfilets
mit violetten Artischocken und Himbeer-Vincotto

Zubereitungszeit 45 Min.

Zutaten für 4 Personen

4 ganze Rotbarben à 250–300 g

12 sehr kleine Artischocken
   (z. B. Catanese oder Poveraden)

Saft von 1 Zitrone

1 Knoblauchzehe

1 Zweig Rosmarin

2 Zweige Thymian

3 Zweige Estragon

2 EL Olivenöl zum Braten

Meersalz, z. B. Fleur de Sel

schwarzer Pfeffer

50 ml Noilly Prat

100 ml Weißwein

300 ml Geflügelbrühe

50 ml bestes Olivenöl

4 EL Himbeer-Vincotto (s. S. 189)

40 g Himbeeren

Rotbarben haben keine Galle und nur einen kurzen Darm. Deshalb macht es kaum Arbeit, sie zu säubern.

Die Haut beim Filetieren auf den Fischhälften lassen und mitbraten.

1. Die Rotbarbenfilets auslösen, dabei die Schwanzflossen stehen lassen. Die Filets waschen und abtrocknen. Mit Folie abgedeckt kühl stellen.

2. Die Artischocken putzen (s. Seite 24/25) und in Zitronenwasser legen. Knoblauch schälen. Kräuter waschen und trockentupfen. Olivenöl in einem Topf erhitzen. Artischocken abtropfen lassen und mit Knoblauch je 1 Zweig Rosmarin und Thymian darin anschwitzen. Mit Fleur de Sel und Pfeffer würzen. Noilly Prat und Wein zugießen, um die Hälfte einkochen lassen. Brühe angießen und 10 Min. garen. Artischocken herausnehmen und auskühlen lassen. Den Fond um die Hälfte einkochen, dann die Kräuter herausnehmen. Artischocken vierteln. Backofen auf 140° (Umluft 120°) vorheizen.

3. Die Thymian- und Estragonblätter abzupfen und fein schneiden. Die Rotbarbenfilets innen und außen salzen und mit den Thymianblättchen und Estragon von 2 Zweigen innen bestreuen. Das Olivenöl in einer beschichteten Pfanne erhitzen und die Filets darin von beiden Seiten knusprig anbraten. Im Ofen in 3–5 Min. fertig garen.

4. Fond mit den Artischocken erhitzen, mit Fleur de Sel, Pfeffer, Vincotto und dem restlichen Estragon abschmecken. Die Himbeeren ganz kurz mit erhitzen. Gemüse auf vorgewärmten Tellern anrichten, die Filets darauf geben und mit Fond umgießen.

Kraftpakete
aus der Hülse

BOHNEN Das Faszinierendste ist ihre ungeheure Vielfalt. Kaum ein anderes Lebensmittel hat einen derartigen **Variantenreichtum.** Von der Frische der grünen Bohnen über die herzhafte Konsistenz der weißen Cannellini-Bohne bis hin zum **nussig-eleganten** Charakter der schwarzen Mexiko-Bohne reicht das Spektrum. Das eröffnet unerschöpfliche Zubereitungsmöglichkeiten: mal zart in frühlingsfrischen Salaten, mal als perfekte Begleitung zu Fisch und Meeresfrüchten, mal nahrhaft-wärmend in klassischen Suppen und Eintöpfen oder als feines Püree – der Fantasie sind **keine Grenzen** gesetzt.

1 Schwarze Bohnen

2 Breite Bohnen

3 Dicke Bohnen

7 Ausgepalte Dicke Bohnen

6 Keniabohnen

5 Buschbohnen

4 Cannellini Bohnen

Bohnen auf einen Blick

Das »Weltgemüse« Bohnen ist von allen Hülsenfrüchten am vielfältigsten einsetzbar. In Afrika, Asien und Südamerika sind sie der wichtigste Eiweißlieferant für die Bevölkerung und gehören zu den Hauptnahrungsmitteln. Für eine ganz oder vorwiegend vegetarische Ernährung sind vor allem die Bohnenkerne unentbehrlich.

1 Schwarze Bohnen
Ein wichtiges Nahrungsmittel in Mittel- und Südamerika. Sie sind weich kochend und besitzen ein sehr delikates, würzig-süßliches Aroma.

2 Breite Bohnen/Schneidebohnen
Stangenbohnen mit breiten, flachen Hülsen, die man vor dem Kochen in Streifen schneiden muss. Gelegentlich müssen sie auch noch von einem Nahtfaden befreit werden.

3 Dicke Bohnen
Die Dicke oder Puffbohne wird auch als Saubohne oder Ackerbohne bezeichnet und gehört botanisch eigentlich zu den Wicken. Gegessen werden nicht die Hülsen, sondern nur die großen grünen, roten oder bräunlichen Samen, die vor dem Verzehr gegart werden müssen. Es gibt sie auch tiefgekühlt, als Konserven und getrocknet.

4 Cannellini-Bohnen
Sie sind mittelgroß, weich kochend und mehlig im Geschmack. Vor dem Garen müssen sie über Nacht einweichen. Ein unentbehrlicher Bestandteil der italienischen Küche.

5 Busch- oder Brechbohnen
Es gibt sie in vielen Formen und Farben. Die gängige Basis für Tiefkühlware. Zu ihnen zählen die zarten Prinzessbohnen, Wachs-, Brech- und Zuckerbohnen. Die Bohnenkerne der ausgewachsenen Buschbohnen werden Palbohnen genannt.

6 Keniabohnen
Keniaböhnchen zählen zu den delikatesten, vornehmsten, aber auch teuersten Bohnenarten. Sie haben dünne, zarte und samenlose Hülsen und werden im Ganzen gegessen.

7 Ausgepalte Dicke Bohnen
Die Dicke Bohne enthält unterschiedlich große Samen, die außerordentlich reich an Eiweiß, Mineralstoffen und Kohlenhydraten sind. Wichtig: Dicke Bohnen unbedingt kurz blanchieren und die Haut abziehen; so erhält man den schönen grünen Bohnenkern. Dann kochen, da sie roh giftige Substanzen enthalten!

POLETTOS KOCHTIPPS

Alle grünen Bohnen dürfen auf keinen Fall roh verzehrt werden. Sie müssen mindestens 10 Min. gekocht oder vorgegart werden. Nur so wird der giftige Eiweißstoff Phasin abgebaut. Wenn Sie bei grünen Bohnen die frische Farbe erhalten wollen, sollten Sie sie in Salzwasser bissfest kochen und dann sofort in gesalzenem Eiswasser abschrecken – so garen sie auch nicht nach und werden nicht zu weich. Getrocknete Bohnen welchen Sie eine Nacht in Wasser ein. Das Wasser schütten Sie anschließend weg. Ganz wichtig: Getrocknete Bohnen nicht in Salzwasser kochen; sonst platzt die Haut und die Bohnen werden matschig und unansehnlich. Daher zu Ende garen und erst ganz am Schluss Salz zugeben.

Pikanter Bohnensalat
mit gebratenen Calamaretti

Zubereitungszeit 1 Std. 15 Min.
Zutaten für 10 Personen

Für den Bohnensalat
500 g frisch gepalte weiße Bohnen
   (ersatzweise getrocknete
   Cannellini-Bohnen)
1 Schalotte
1 Lorbeerblatt
2 Gewürznelken
bestes Olivenöl
Meersalz, z. B. Fleur de Sel
je 2 rote und 2 gelbe Paprikaschoten
je 1 grüner und 1 gelber Zucchino
getrocknete Peperoncini, fein
   geschnitten, nach Geschmack
je 1 Hand voll Basilikum- und
   Korianderblätter

Für die Calamaretti
1 Knoblauchzehe
ca. 30 mittelgroße Calamaretti,
   geputzt und ausgenommen
Meersalz, z. B. Fleur de Sel
4 EL Olivenöl

Die gegarten Bohnen in eine Schüssel füllen und
zu einem Salat zubereiten.

Von den Calamaretti die Außenhaut
abziehen und putzen.

1. Für den Salat die Bohnen waschen (getrocknete Bohnen über Nacht einweichen). Die Schalotte abziehen. Das Lorbeerblatt mit den Nelken daran befesti-
gen. Bohnen und Schalotte in einem großen Topf mit Wasser bedecken; 1 Schuss
Olivenöl dazugeben und die Bohnen in ca. 20 Min. al dente garen. Erst jetzt mit
Fleur de Sel abschmecken (sonst platzen sie) und im Sud auskühlen lassen.

2. Den Backofen auf 200° (Oberhitze) vorheizen. Ein Backblech einölen. Die
Paprikaschoten waschen, vierteln und entkernen. Auf das Blech legen und im
Ofen ca. 20 Min. garen, bis die Haut Blasen wirft. Herausnehmen, etwas abküh-
len lassen und die Haut abziehen. Die Viertel würfeln.

3. Zucchini waschen, putzen und längs vierteln. Die Kerne herauslösen, Zucchini
in Scheiben schneiden. 4 EL Olivenöl in einer Pfanne erhitzen und die Zucchini
darin anbraten, mit Salz würzen. Die Bohnen samt Sud, Zucchini und Paprika in
eine Schüssel geben. Mit Salz und Peperoncini (Vorsicht, scharf!) abschmecken.
Am Schluss die Kräuter schneiden und unterheben.

4. Für die Calamaretti den Knoblauch schälen. Die Calamaretti an beiden Längs-
seiten einschneiden und leicht salzen. Eine Pfanne erhitzen, Olivenöl hinein-
gießen, den Knoblauch hineinpressen und die Calamaretti bei mittlerer Hitze
auf beiden Seiten 4 Min. in zwei Etappen braten, da sie schnell Wasser ziehen.

5. Den Bohnensalat in eine Schale geben und mit den Calamaretti garnieren.
Nach Geschmack gleich warm oder auch kalt servieren.

Kasserolle
mit sechs Bohnensorten

Einweich- und Trockenzeit 12 Std.
Zubereitungszeit 40 Min.
Zutaten für 8 Personen

100 g Gradoli-Bohnen
   (kleine weiße Bohnen; ersatz-
   weiße Cannellini-Bohnen)
100 g schwarze Mexikobohnen
4 Tomaten
6 EL Olivenöl
Zucker
Meersalz, z. B. Fleur de Sel
4 Zweige Thymian
1 Zweig Rosmarin | Salz
100 g Keniabohnen
100 g Wachsbohnen
100 g Buschbohnen
100 g Saubohnenkerne
   (Dicke Bohnen)
1 Schalotte
1 Knoblauchzehe
50 g Butter
4 Zweige Bohnenkraut
schwarzer Pfeffer

Bohnenkraut verleiht Gerichten ein
zart-würziges Aroma.

Gegarte Bohnen in gesalzenem Eiswasser
abschrecken, so behalten sie ihre Farbe.

1. Die Gradoli- und die Mexikobohnen über Nacht getrennt voneinander mit Wasser bedeckt einweichen.

2. Die Tomaten waschen, häuten, vierteln und entkernen; auf ein mit Backpapier ausgelegtes Blech geben, mit 2 EL Olivenöl, Zucker, Fleur de Sel und 2 Thymian- zweigen bei 100° im Ofen 5 Std. trocknen (s. Seite 175).

3. Am nächsten Tag die Bohnen abgießen und getrennt in Töpfe geben, mit frischem Wasser bedecken, je 1 Thymian- und 1/2 Rosmarinzweig zugeben, je 2 EL Olivenöl dazugießen und bei schwacher Hitze ca. 30 Min. (abhängig von der Größe) garen. Erst zum Schluss mit Salz abschmecken.

4. Inzwischen die anderen Bohnen putzen und mit den Saubohnen in kochen- dem Salzwasser bissfest garen. Herausnehmen, in gesalzenem Eiswasser ab- schrecken und gegebenenfalls in Streifen schneiden oder halbieren.

5. Schalotte und Knoblauch schälen und würfeln. Butter in einer Kasserolle oder Wokpfanne schmelzen und beides glasig anschwitzen. Darin Gradoli- und Mexiko- bohnen kurz erhitzen, dann alle anderen Bohnen einrühren. Tomaten und Boh- nenkraut zugeben, gut durchschwenken und mit Salz und Pfeffer abschmecken. Die Bohnenkasserolle passt zu kräftigen Fleischgerichten wie Lamm oder Rind.

Toskanische Bohnensuppe (Ribollita)
mit geröstetem Brot und Arganöl

Einweichzeit 12 Std.
Zubereitungszeit 1 Std. 15 Min.
Zutaten für 8 Personen

500 g getrocknete Cannellini-
   Bohnen
6 Knoblauchzehen
je 2 Zweige Salbei, Rosmarin
   und Thymian
2 l Geflügelbrühe
Abschnitte vom Parmaschinken
   (beim Metzger nachfragen)
Olivenöl
Meersalz, z. B. Fleur de Sel
1 Bund Suppengrün
4 Schalotten
1 Zweig Basilikum
2 EL Tomatenmark
schwarzer Pfeffer
1/2 Roggen-Baguette
etwas Sahne
ca. 8 TL Arganöl
   (s. Glossar S. 189)

1. Die Bohnen mit Wasser bedeckt über Nacht einweichen. Am nächsten Tag abgießen und in einen großen Topf geben. Den Knoblauch schälen, die Kräuter waschen und trockentupfen. Die Bohnen mit der Brühe, 4 Knoblauchzehen, den Schinkenabschnitten und den Kräutern langsam zum Kochen bringen. Dann 1 Schuss Olivenöl dazugeben – auf keinen Fall salzen, sonst platzen die Bohnen. Die Bohnen al dente garen und mit Fleur de Sel abschmecken. Etwa 8 EL Bohnen mit etwas Fond abnehmen und als Suppeneinlage beiseite stellen.

2. Inzwischen das Suppengrün putzen, waschen und würfeln. Die Schalotten abziehen und mit 2 Knoblauchzehen würfeln. Basilikumblätter abzupfen. 3 EL Olivenöl in einem großen Topf erhitzen. Gemüse, Schalotten, Knoblauch und Basilikum darin anbraten, das Tomatenmark einrühren. Bohnen mit Fond dazugeben und bei mittlerer Hitze in ca. 30 Min. weich garen. Die Suppe pürieren. Sollte ihre Konsistenz zu fest sein, mit etwas Geflügelbrühe verdünnen.

3. Das Baguette in möglichst dünne Scheiben schneiden und in Olivenöl knusprig braten. Auf Küchenpapier auskühlen lassen.

4. Die Suppe erneut langsam erwärmen und mit schwarzem Pfeffer. Die beiseite gestellten Bohnen im eigenen Fond erwärmen und auf acht vorgewärmte Teller verteilen. Die Suppe mit etwas geschlagener Sahne mit dem Mixstab aufschäumen und anrichten. Zum Schluss die Röstbrote mit Arganöl beträufeln und auf die Suppe geben. Als Garnitur je 1 frittiertes Salbeiblatt anlegen.

REMIGIOS WEINTIPP

Zwei, die sich mögen: Bohnen und Chardonnay
Chardonnay wird mittlerweile in der ganzen Welt angebaut. Aber für mich stammt das Ideal des klassischen Chardonnays immer noch aus dem Burgund. Côtes de Beaunes oder Meursaults, gerne auch mit ein wenig, aber nicht zu viel Holzeinfluss ausgebaut, entwickeln diese cremig-honig-nussigen Aromen, die mit den Nussaromen z. B. eines Bohnenpürées perfekt harmonieren. Außerdem spiegelt die Vielfalt der Stilistiken des Chardonnay auch die Vielfalt der Bohnenarten wider: Zu einem frischen, leichten Gericht mit grünen Bohnen beispielsweise kann ich mir auch gut einen straffen, mineralisch geprägten Chardonnay aus dem Friaul vorstellen.

Kastanienbandnudeln
mit grünen Bohnen, Kartoffeln und Basilikumpesto

Zubereitungszeit 2 Std.
Zutaten für 4 Personen

Für den Nudelteig
250 g Kastanienmehl
150 g feiner Hartweizengrieß
1 Prise Salz | 4 Eier

Für das Basilikumpesto
(etwas größere Menge,
   hält sich im Kühlschrank)
4 Maronen (ersatzweise
   80 g Pinienkerne)
1 Knoblauchzehe
2 Hand voll Basilikumblätter
150 ml Olivenöl
100 g geriebener Pecorino
Salz | schwarzer Pfeffer

Außerdem
100 g kleine Kartoffeln
100 g Keniabohnen
Salz | Meersalz, z. B. Fleur de Sel
schwarzer Pfeffer
Pecorino zum Hobeln

1. Kastanienmehl, Grieß und Salz in einer Schüssel mischen. In die Mitte eine Mulde drücken und die Eier hineinschlagen. Alles mit den Händen zu einem glatten Teig kneten. Den Teig in Folie wickeln und mindestens 1 Std. im Kühlschrank ruhen lassen.

2. Inzwischen für das Pesto die Maronen kreuzweise einritzen und in einer heißen Pfanne 10–15 Min. rösten. Auskühlen lassen, schälen und hacken. Die Maronen nochmals ohne Fett leicht erhitzen – das intensiviert ihren Eigengeschmack.

3. Den Knoblauch schälen. Die Basilikumblätter waschen, trockentupfen und mit Knoblauch und Olivenöl mit dem Mixstab pürieren. Nach und nach die Maronen und den geriebenen Pecorino zugeben und alles zu einer glatten Masse pürieren – bei Bedarf etwas Olivenöl zugeben; das Pesto sollte aber nicht zu flüssig sein. Das Pesto mit Salz und Pfeffer abschmecken (s. Tipp), in Gläser abfüllen und mit Olivenöl bedecken, dann hält es sich bis zu 2 Wochen im Kühlschrank.

4. Den Teig mit der Nudelmaschine in ca. 4 mm dicke Bahnen ausrollen. Den Nudelteig immer mit Kastanienmehl weiter bearbeiten.

5. Die Kartoffeln putzen, schälen, in wenig Wasser weich kochen, auskühlen lassen und vierteln. Gleichzeitig die Keniabohnen putzen und in kochendem Salzwasser al dente garen. In Eiswasser abschrecken.

6. Die Nudeln in einem großen Topf mit kochendem Salzwasser al dente garen. Vorsicht: Frische Pasta braucht nicht lange; die fertigen Nudeln steigen an die Oberfläche und sollten dann mit einer Schaumkelle sofort abgeschöpft werden.

7. Die fertige Pasta in eine Wokpfanne geben und vorsichtig mit Bohnen, Kartoffeln und Pesto durchschwenken. Mit Fleur de Sel und Pfeffer abschmecken. Sollte das Pesto zu dick sein, etwas Nudelwasser dazugeben. Auf Tellern anrichten und etwas Pecorino darüber hobeln.

POLETTOS KOCHTIPP

Salz und Pfeffer sollten immer erst zum Schluss der Zubereitung verwendet werden, sonst verliert das Pesto an Farbe und Geschmack.

Gespickter Seeteufel, an der Gräte gegart,
mit Bohnenpüree und Salsa von Räucheraal

Einweichzeit 12 Std.
Zubereitungszeit 1 Std.
Zutaten für 4 Personen

Für das Bohnenpüree
250 g Cannellini-Bohnen
1 Schalotte | 2 Knoblauchzehen
2 EL Olivenöl
1 Schuss Weißwein
1/2 l Geflügelbrühe
je 1 Zweig Thymian, Rosmarin,
    Salbei
Meersalz, z. B. Fleur de Sel
schwarzer Pfeffer

Für die Salsa
40 g Pecannüsse
80 g Räucheraalfilet
8 getrocknete Tomatenfilets
    (s. Seite 175)
1 EL glatte Petersilie,
    fein geschnitten
1 TL Thymian, fein geschnitten
4 TL alter Aceto balsamico
150 ml Olivenöl
Meersalz, z. B. Fleur de Sel
schwarzer Pfeffer

Für den Seeteufel
2 Knoblauchzehen
2 Zweige Rosmarin
1 küchenfertiger Seeteufel,
    ca. 1,2 kg
Salz | 4 EL Olivenöl
Schnittlauchröllchen zum
    Anrichten

1. Die Cannellini-Bohnen über Nacht in Wasser einweichen.

2. Am nächsten Tag die Bohnen abgießen und in einem Sieb abtropfen lassen. Schalotte und Knoblauch schälen und fein würfeln. 1 EL Olivenöl erhitzen, beides darin glasig anschwitzen. Die Bohnen zugeben. Mit Weißwein ablöschen und mit Geflügelbrühe auffüllen. Die Kräuter in einem Kräutersieb oder Leinensäckchen mitgaren.

3. Sobald die Bohnen weich sind, die Kräuter herausnehmen und die Bohnen mit dem Mixstab fein pürieren. Die Masse eventuell noch durch ein Sieb streichen. Erst jetzt das Püree mit Fleur de Sel, Pfeffer und Olivenöl abschmecken. Sollte das Püree zu dick sein, mit etwas Geflügelbrühe verdünnen.

4. Die Pecannüsse hacken und in einer beschichteten Pfanne ohne Öl leicht anrösten; auf einem Teller auskühlen lassen. Den Räucheraal in Würfel schneiden. Die Tomatenfilets würfeln. Mit den Kräutern in eine Schüssel geben und mit dem Aceto balsamico und dem Olivenöl zu einer cremigen Sauce (Salsa) verrühren. Mit Salz und Pfeffer abschmecken.

5. Den Backofen auf 120° (Umluft 100°) vorheizen. Den Knoblauch schälen und in dünne Stifte schneiden; die Rosmarinspitzen abzupfen. Den Seeteufel mithilfe eines spitzen Messers gleichmäßig mit den Rosmarinnadeln und den Knoblauchstiften spicken und dann leicht salzen.

6. Eine große ofenfeste Pfanne erhitzen, das Öl dazugeben und den Seeteufel darin in ca. 5 Min. von beiden Seiten anbraten. Dann in den Ofen stellen und 15–20 Min. garen. Die Filets parallel zur Mittelgräte herausschneiden. Die ausgelösten Filets für 4 Personen portionieren.

7. Auf einer vorgewärmten Platte das heiße Bohnenpüree anrichten. Die Seeteufelmedaillons darauf setzen, etwas Salsa darüber geben und mit Fleur de Sel und Pfeffer abrunden. Mit Schnittlauchröllchen überstreuen.

Knackig-herbe
Familienbande

ENDIVIEN sind eine vielfältige, weit verzweigte Familie. Jede Sorte zaubert eine **aparte Bitternote** ins Menü. Neben dem »Langweiler« Frisée entstammen fast alle spannenden Salate ihrem Reich: der verbreitete grüne Escariol, Chicorée, Trevisano, Radicchio, und Römersalat. Endivien sind robust und herzhaft und vertragen es, wenn man sie **hart anpackt:** schmoren, karamellisieren, pürieren, als Geschmacksträger in Risotto einsetzen – alles gar kein Problem. Ganz im Gegenteil! Und klassische Salate werden mit einem Mitglied der Sippschaft besonders knackig, lecker und **ausdrucksvoll.**

1 Radicchio

2 Escariol

3 Chicorée

4 Radicchio Trevisano

5

5 Roter Chicorée

6 Castelfranco

7 Frisée

Endivien auf einen Blick

Seit dem Mittelalter ist die Endivie in Nord- und Mitteleuropa bekannt. Der Bitterstoff Intybin aus dem milchigen Saft der Blätter wirkt verdauungsfördernd und appetitanregend. Deswegen sind die Endivien Klassiker für Vorspeisensalate.

1 Radicchio (Rote Endivie)
Ist ein kompakter runder Kopf, dessen heller Stielansatz unbedingt entfernt werden muss. Man kennt Radicchio hier vor allem im Salat, er lässt sich aber auch wunderbar schmoren oder braten.

2 Escariol/Glatte Endivie
Ist auch unter Escarol oder Winterendivie im Handel. Sie hält sich länger frisch als z. B. Frisée.

3 Chicorée
So heißen Salat-, Treib- und Bleichzichorien. Die Stauden immer dunkel aufbewahren, damit sie nicht grün und bitter werden. Schmeckt roh und gegart.

4 Radicchio Trevisano
Trevisano hat längliche, schmale Blätter und eine dicke weiße Mittelrippe. Sein intensiver Geschmack ist etwas bitterer als der anderer Sorten.

5 Roter Chicorée
Eine junge Züchtung aus Chicorée und Radicchio, die durch ihren milderen Geschmack besticht. Eine marktgängige Sorte ist die Rossa di Verona.

6 Castelfranco
Er wächst unter dunklen Planen, weshalb er weiß bleibt. Da er erst nach dem ersten Frost geerntet wird, heißt er auch »Fiore d'inverno«, Winterblume.

7 Frisée
Der aus Südeuropa stammende Frisée ist eine der dekorativsten Endivienvarietäten. Von der kompakten Blattrosette wird das gelbe, leicht bitter schmeckende Herz bevorzugt.

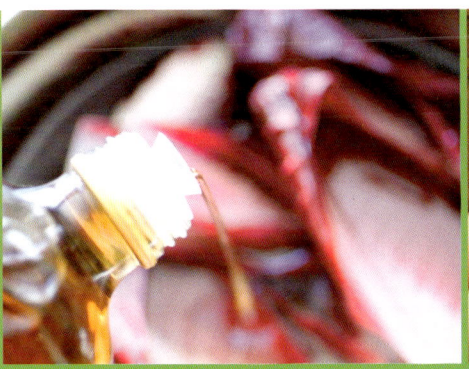

Endivien vorbereiten

Wenn Sie die bittersten Vertreter der Familie, z. B. Trevisano und Radicchio, verarbeiten wollen, waschen Sie sie vorher am besten in lauwarmem Wasser mit einem Schuss Essig. Dann verliert sich die extreme Bitternote, das Ergebnis wird eleganter. Schneiden Sie bei diesen Sorten immer den weißen Strunk heraus – denn hier konzentrieren sich die Bitterstoffe. Wenn Sie den Salat nicht sofort zubereiten, schleudern Sie ihn nach dem Waschen vorsichtig trocken und lagern ihn im Gefrierbeutel mit etwas Luft im Kühlschrank.

Ligurischer Kaninchensalat
mit Escariol

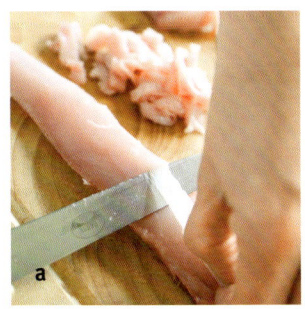

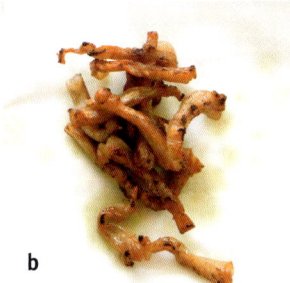

a An Kaninchenrücken sitzen noch
   Nierchen und Bauchfleisch. Von
   den Filets muss man die »Silberhaut« entfernen.
b Die Bauchlappen klein schneiden
   und zum Schluss als »Gröstel«
   über den Salat geben.
c Die Filets in Thymian wälzen
   und braten.

Zubereitungszeit 50 Min.
Zutaten für 4 Personen

2 Kaninchenrücken
Salz | schwarzer Pfeffer
2 Zweige Thymian
2 EL Olivenöl | 1 Kopf Escariol
4 Stangen Staudensellerie
8 getrocknete, in Öl eingelegte
  Tomatenfilets
1 EL Pinienkerne

1 EL schwarze Oliven
  (z. B. Taggiasca-Oliven)

Für die Limetten-Balsamico-Vinaigrette
Saft von 1 Limette | Salz | Pfeffer
100 ml bestes Olivenöl
1 EL alter Aceto balsamico
  (z. B. Montebello)

1. Die Filets vom Kaninchenrücken lösen. Die Bauchlappen abschneiden und die Filets sauber parieren, d. h., von der »Silberhaut« befreien (s. Stepfotos), in Streifen schneiden, salzen und pfeffern. Die Nierchen von Fett und der feinen Haut befreien. Den Thymian waschen, trockentupfen und die Blättchen fein schneiden.

2. Den Backofen auf 160° (Umluft 140°) vorheizen. Das Olivenöl in einer Pfanne erhitzen und die Bauchstücke darin rundum knusprig anbraten. Auf Küchenpapier abtropfen lassen.

3. Die Kaninchenfilets in Thymian »panieren«, salzen und pfeffern und nicht zu heiß von allen Seiten gleichmäßig anbraten. Die Nierchen von beiden Seiten anbraten. (Nieren und Leber immer erst nach dem Braten würzen, sonst werden sie hart!). Die Kaninchenfilets, Nieren und Bauchlappen im Ofen in ca. 5 Min. fertig garen. Nicht vergessen, die Nierchen zu würzen.

4. Inzwischen den Salat putzen, nur die zarten gelben bis hellgrünen Blätter waschen und vorsichtig trockenschleudern. Sellerie schälen und schräg in Scheiben schneiden. Beides in eine große Schüssel geben. Tomaten in Streifen schneiden. Pinienkerne in einer beschichteten Pfanne ohne Fett anrösten. Oliven halbieren.

5. Für die Vinaigrette Limettensaft durch ein feines Sieb in eine kleine Schüssel gießen. Salzen und pfeffern. Olivenöl einrühren und mit Balsamico abschmecken.

6. Salat mit dem Dressing marinieren. Auf vier Tellern anrichten, Tomaten, Oliven und Pinienkerne darüber geben. Die Kaninchenfilets schräg halbieren, die Nierchen halbieren. Filets, Nierchen und Bauchlappen auf den Salat geben, servieren.

Bunter Endiviensalat
mit Lachsspieß und Avocado

Marinierzeit 1 Std.
Zubereitungszeit 40 Min.
Zutaten für 4 Personen

ca. 400 g gemischte Endivien-
    salate (z. B. Chicorée, Frisée,
    Escariol und Römersalat)
1 Stück Ingwer (2 cm)
1 Bio-Limette
200 g frisches Lachsfilet
    mit Haut
150 ml bestes Olivenöl
1 EL Ahornsirup
Meersalz, z. B. Fleur de Sel
schwarzer Pfeffer
2 reife Avocados
2 Zweige Basilikum

Außerdem
4 Holzspieße

1. Für die Lachsspieße die Salate putzen, waschen und trockenschleudern. Den Ingwer schälen und reiben. Die Limette heiß abwaschen, abtrocknen und die Schale abreiben.

2. Das Lachsfilet abwaschen und trockentupfen. Quer in 4 gleichmäßige Streifen schneiden. Mit Ingwer und Limettenschale bestreuen, mit 5 EL Olivenöl beträufeln und mit Folie abgedeckt bei Zimmertemperatur 1 Std. marinieren lassen.

3. Den Backofen auf ca. 75° vorheizen. Den Lachs darin 8–10 Min. garen – er sollte innen noch glasig sein.

4. Für die Vinaigrette die Limette auspressen und den Saft durch ein feines Sieb in eine Schüssel abgießen. Mit Ahornsirup, Fleur de Sel und Pfeffer würzen und dann das restliche Olivenöl einrühren.

5. Die Avocados schälen, halbieren und die Kerne herauslösen. Das Fruchtfleisch von 1 Avocado längs in dünne Scheiben schneiden, die andere Avocado würfeln. Die Basilikumzweige waschen, trockentupfen, die Blättchen abzupfen und in feine Streifen schneiden.

6. Die Salate und die Avocadoscheiben in einer Schüssel mit zwei Dritteln der Vinaigrette marinieren. Auf vier Tellern anrichten, dabei die Avocados dazwischen stecken. Die restliche Vinaigrette mit den Avocadowürfeln mischen.

7. Die Lachsstreifen häuten und in je 3 gleiche Würfel schneiden, salzen und auf die Spieße stecken. Die Lachsspieße in den Salat stecken und mit der restlichen Vinaigrette beträufeln. Mit Basilikum garnieren.

Die Lachsfilets marinieren und dann im Ofen in ca. 8–10 Min. garen.

Römersalatsuppe
mit Ingwer und Riesengarnele

Zubereitungszeit 45 Min.

Zutaten für 4 Personen

2 Köpfe Römersalat, ca. 800 g

Salz | 1 Schalotte

1 Knoblauchzehe

1 Stück frischer Ingwer (2 cm)

120 g Butter

200 ml Geflügelbrühe
  (ersatzweise Gemüsebrühe)

Meersalz, z. B. Fleur de Sel

4 Riesengarnelen

2 EL Olivenöl

1 EL bestes Olivenöl für die
  Salatherzen

1 TL Limettenöl

schwarzer Pfeffer

100 g Sahne

1. Die Herzen der Römersalate für die Einlage herausschneiden. Die Salatblätter kurz in kochendem Salzwasser blanchieren, bis sie zusammenfallen. In Eiswasser abschrecken, herausheben und auf einem Küchenhandtuch ausbreiten.

2. Schalotte und Knoblauch schälen und fein würfeln. Den Ingwer schälen.

3. In einer Pfanne 1 EL Butter erhitzen. Schalotte und Knoblauch darin glasig anschwitzen; mit der Geflügelbrühe aufgießen und aufkochen lassen.

4. Den blanchierten Salat ausdrücken und mit der restlichen Butter in der Küchenmaschine fein mixen. Nach Geschmack mit frisch geriebenem Ingwer und Fleur de Sel abschmecken.

5. Die Riesengarnelen bis auf das letzte Schwanzglied schälen, an der Rückenseite aufschneiden und den Darm entfernen. Olivenöl in einer beschichteten Pfanne erhitzen, die Garnelen salzen und von beiden Seiten bei mittlerer Hitze in 4–6 Min. braten.

6. Die Salatherzen in Streifen schneiden und in dem Olivenöl in einer Pfanne bei mittlerer Hitze 2 Min. anschwitzen, mit Limettenöl, frisch geriebenem Ingwer, Fleur de Sel und Pfeffer abschmecken. Die Salatstreifen in tiefen, vorgewärmten Tellern anrichten. Die Riesengarnelen darauf setzen. Die Sahne schlagen. Die heiße Suppe damit aufmixen und in den Teller anrichten.

Blätter vom Römersalat in kochendem Wasser zusammenfallen lassen und mit einer Schaumkelle herausheben.

Risotto
mit Salsiccia und Radicchio

Zubereitungszeit 35 Min.
Zutaten für 4 Personen

2 Schalotten
1 Knoblauchzehe
100 g Salsiccia (ersatzweise
    grobe Bratwurst)
1/2 l Geflügelbrühe
80 g Butter
200 g Risottoreis
    (z. B. Carnaroli)
50 ml Weißwein
1 Kopf Radicchio
1 Schuss Essig
je 1 Zweig Rosmarin und
    Thymian
4 Zweige Petersilie
80 g Parmesan, gerieben

1. Die Schalotten und den Knoblauch schälen und in feine Würfel schneiden. Die Salsiccia klein schneiden. Die Geflügelbrühe aufkochen lassen.

2. 1 EL Butter in einer Kasserolle (am besten lassen sich Risotti in Kupfertöpfen zubereiten) schmelzen und Schalotten und Knoblauch darin glasig andünsten; dann die Salsiccia zugeben und von allen Seiten anbraten. Den Risottoreis dazugeben und mit dem Weißwein ablöschen.

3. So viel heiße Geflügelbrühe aufgießen, bis der Reis bedeckt ist, dann die Flüssigkeit nahezu vollständig einkochen lassen; dabei gelegentlich umrühren. Diesen Vorgang so lange wiederholen, bis der Reis die gewünschte Konsistenz erreicht hat. Je nach Reissorte dauert das 18–20 Min.

4. Inzwischen den Radicchio putzen und waschen. Die Blätter in lauwarmes Wasser mit 1 Schuss Essig legen – so verlieren sie ihren bitteren Geschmack. Herausheben, gut abtropfen lassen und in Streifen schneiden. Die Kräuter waschen, trockentupfen und die Blättchen fein schneiden.

5. Das fertig gegarte Risotto mit der restlichen Butter, dem Radicchio und den Kräutern gut vermischen. Mit dem geriebenen Parmesan abschmecken.

POLETTOS KOCHTIPP

Sollten Sie einmal Risottoreste haben, lassen sich diese wunderbar zu »Arancini« verarbeiten. Dafür das Risotto auskühlen lassen, mit 1 Stückchen Gorgonzola oder Mozzarella zu kleinen Kugeln formen, in Semmelbröseln panieren und in heißem Fett ausbacken.

Penne
mit Trevisano und Pancetta

Zubereitungszeit 35 Min.
Zutaten für 4 Personen

400 g Penne | Salz
2 Trevisano-Salate
1 Schuss Essig
2 rote Zwiebeln
1 Knoblauchzehe
20 ml bestes Olivenöl
8 Scheiben Pancetta
   (luftgetrockneter
   italienischer Speck)
100 ml Rotwein
50 ml Kalbsjus (s. Seite 188)
2 EL alter Aceto balsamico
2 EL kalte Butter
Meersalz, z. B. Fleur de Sel
schwarzer Pfeffer
milder Pecorino zum Hobeln

1. Die Penne in reichlich Salzwasser al dente garen, dann in einem Sieb abgießen und abtropfen lassen.

2. Inzwischen von den Salaten die Wurzelenden abschneiden und das Weiße der Blätter herausschneiden. In lauwarmem Essigwasser waschen, dann vorsichtig trockenschleudern und die Blätter in Streifen schneiden. Die roten Zwiebeln schälen, halbieren und in feine Streifen schneiden. Den Knoblauch schälen und fein würfeln.

3. Das Olivenöl in einer Wokpfanne erhitzen, den Pancetta in kleine Stückchen hineinzupfen und knusprig braten. Zwiebeln und Knoblauch dazugeben und bei mittlerer Hitze weich garen. Mit Rotwein, Kalbsjus und Aceto balsamico ablöschen und ca. 5 Min. einkochen lassen. Die kalte Butter einrühren und nochmals aufkochen. Dann die Trevisanostreifen dazugeben und kurz mitkochen lassen.

4. Die Penne mit der Butter in die Wokpfanne geben. Alles gut miteinander vermischen, nochmals aufkochen lassen und mit Fleur de Sel und Pfeffer abschmecken. Die Penne mit Trevisano auf vier vorgewärmten Tellern anrichten und nach Belieben mit Pecorinospänen bestreuen.

REMIGIOS WEINTIPP

Zwei, die sich mögen: Endivien und Weißburgunder
Eine etwas knifflige Kombination, aber Weißburgunder ist hier die Ideallösung. Um den diversen Endivien-Varietäten die Bitterkeit zu nehmen, arbeitet Cornelias Küche häufig mit leichtem Karamellisieren. So entstehen Gerichte, die von der Balance zwischen Bitterkeit, Süße und Salz getragen sind. Der Weißburgunder mit seinen nussigen Aromen ist eine Rebe, die diesen Dreiklang aufnehmen und tragen kann. Gute, reife Weißburgunder haben in der Regel wenig, auch keine aggressive Säure, denn die würde mit den Endivienaromen kollidieren. Und: Sie liegen in der Regel zwischen 12,5 und 14 % Alkohol, was ihnen eine natürliche Extrasüße verleiht. Fragen Sie Ihren Händler also nach einer trockenen Weißburgunder Spätlese aus Deutschland, einem vollen, runden Weißburgunder aus Österreich, z. B. aus dem Burgenland oder einem gehobenen Weißburgunder aus Südtirol oder Friaul.

Honigchicorée
mit gebratener Kalbsleber und Gewürzapfeljus

a Den Chicorée im karamellisierten Honig schwenken.
b Mit der Trockenbeerenauslese ablöschen und kurz einkochen lassen.
c Den Weißwein zugeben und würzen.

Zubereitungszeit 30 Min.
Zutaten für 4 Personen

Für die Gewürzapfeljus
1 Apfel (z. B. Gala oder Boskop)
1 EL Honig
50 ml Apfelsaft
30 ml Calvados
1 Msp. Quatre épices (s. Seite 189)
100 ml Kalbsjus

Für den Honigchicorée
4 Chicoréestauden
3 EL Honig

100 ml Weißwein
2 EL Trockenbeerenauslese-Essig
Meersalz, z. B. Fleur de Sel
schwarzer Pfeffer
2 EL kalte Butter

Für die Kalbsleber
8 kleine Scheiben Kalbsleber, à ca. 75 g
2 EL Butter
Meersalz, z. B. Fleur de Sel
schwarzer Pfeffer

1. Für die Jus den Apfel schälen, entkernen und fein würfeln. Den Honig in einem kleinen Topf karamellisieren, mit Apfelsaft und Calvados ablöschen. Quatre épices dazugeben und alles um die Hälfte einkochen lassen. Die Apfelstücke 2 Min. mitkochen, die Kalbsjus zugeben, einmal aufkochen und warm stellen.

2. Chicorée waschen und vierteln. Honig in einer Pfanne goldgelb karamellisieren, dann den Chicorée darin wenden. Mit der Trockenbeerenauslese ablöschen und sirupartig einkochen lassen. Den Weißwein zugießen, mit Fleur de Sel und Pfeffer würzen und aufkochen. Die kalte Butter einrühren und den Chicorée mit der Flüssigkeit immer wieder überglänzen.

3. Die Kalbsleberscheiben in schäumender Butter von beiden Seiten ca. 2 Min. braten. Erst nach dem Braten mit Fleur de Sel und Pfeffer würzen.

4. Je 4 Chicoreeviertel auf vorgewärmten Tellern anrichten. Die Kalbsleber an den Chicorée legen und alles mit heißer Apfeljus übergießen. Dazu passt perfekt ein cremiges Kartoffelpüree.

Süßes für
mutige Kombinierer

FEIGEN sind echte **Verführerinnen!** Eine wirklich gute, frische Feige genussvoll zu verspeisen, das zählt zum Feinsten, was die Welt der Früchte zu bieten hat. Die Süße der Feige ist **elegant und subtil** zugleich. Und Feigen sind vielseitig! Ob zu klassischen Desserts, zu Blätterteiggebäck der arabischen Küche, ob als Verfeinerung in Saucen, herzhaft mit Fleischspeisen kombiniert oder zu **Feigensenf** verarbeitet… ein Spiel ohne Grenzen. Und Feigen sind wertvoll! Sie enthalten zahlreiche Vitamine, Mineralstoffe, Spurenelemente und Ballaststoffe und sind ein toller Bestandteil **gesunder** Ernährung.

2 Violette Feige

1 Getrocknete Feige

3 Grüne Feige

4 Graue Feige

Feigen auf einen Blick

Die Formen und Farben der essbaren Feigen sind vielfältig. Ursprünglich kommen sie aus Kleinasien, werden aber inzwischen überall im Mittelmeerraum angebaut. Außer im Frühjahr bekommt man sie immer frisch auf dem Markt, entweder aus Europa oder aus Südamerika. Am besten schmecken sie vollreif. Dann muss man sorgsam mit ihnen umgehen, denn sie sind sehr druckempfindlich.

Gerade bei der Feige ist von außen ziemlich schwer zu erkennen, wie es innen aussieht: Erwartet Sie die erhoffte saftige Frucht oder überwiegen ein paar vertrocknete Kerne in einem trostlosen, faserigen Umfeld? Bitten Sie deshalb beim Feigenkauf Ihren Obst- und Gemüsehändler, eine Feige aufschneiden zu dürfen. Die besten Erfahrungen habe ich bei Feigen mit türkischen Gemüsehändlern gemacht. In ihrem Kulturkreis und ihrer Küchentradition spielt die Feige eine große Rolle und deshalb finden Sie hier oft gute Produktkenntnisse und eine liebevolle und qualifizierte Feigenauswahl.

1 Getrocknete Feige

Verschiedene Sorten, die zumeist aus der Türkei importiert werden; sie werden nach Größen sortiert gehandelt.

2 Violette Feige

Zu dieser Gattung zählen z. B. die Sorten Abicou, Brogiotto nero, Conadria, Early Black, Negronne, Pastilière, Ronde de Bordeaux, Sultane; sie haben ein sehr süßes Fruchtfleisch.

3 Grüne Feige

Hierzu gehören z. B. Blanca 2, Brunswick, Christo Monaco, Dauphine, Fillacciano; ihr Fruchtfleisch schmeckt, so sie wirklich frisch sind, fast noch intensiver als das der violetten Feigen.

4 Graue Feige

Bianco, Col de Dame blanc, White Marseille; etwas herbere Feigensorten, aber deswegen nicht weniger delikat.

REMIGIOS WEINTIPP

Zwei, die sich mögen: Picolit und Feige

Picolit ist eine autochthone friulanische Rebsorte, d. h., eine Traubensorte, die seit alters in meiner Heimat, und fast ausschließlich dort, angebaut wird. Die Picolit-Trauben werden spät, zumeist erst Ende Oktober, gelesen, und dann auf Strohmatten getrocknet. Aus den rosinenartig eingeschrumpften Beeren wird dann ein wundervoller Dessertwein gekeltert.

Ein klassischer Picolit duftet nach reifen sommerlichen Früchten wie Pfirsich, Aprikose oder Honigmelone und hat ein feines Säureschwänzchen. Im Geschmack finden sich alle diese Sommerfrüchte wieder – und eben auch Anklänge an das unvergleichliche Aroma der frischen Feige. Dies mit einer feinen Feigenkomposition aus Cornelias Küche kombiniert führt geschmacklich direkt in den bacchantisch-kulinarischen Himmel.

Hausgemachter Senf
mit frischen Feigen

Zubereitungszeit 30 Min.
Zutaten für 8 Marmeladengläser
(à 250 ml)

2 EL Senfkörner
1 Peperoncino
1 kg reife Feigen
1 Päckchen Gelfix
1 kg Zucker
Saft von 1–2 Zitronen,
   je nach Geschmack
1 EL gemahlenes Senfpulver
2 EL Dijonsenf
weißer Pfeffer

1. Die Senfkörner über Nacht in Wasser einweichen, dann abgießen.

2. Den Peperoncino hacken. Die Feigen schälen und in einen großen Topf geben. Gelfix mit 2 EL Zucker mischen, dann mit den Feigen verrühren. Mit Zitronensaft, Senfpulver, gehacktem Peperoncino, Senfkörnern, Dijonsenf und viel weißem Pfeffer abschmecken. Alles unter ständigem Rühren aufkochen, dann den restlichen Zucker zufügen. Nochmals aufkochen und mindestens 3 Min. unter ständigem Rühren sprudelnd kochen lassen, eventuell abschäumen.

3. Die Masse sofort bis zum Rand in sterilisierte Marmeladengläser füllen. Die Gläser sofort verschließen, umdrehen und etwa 5 Min. auf dem Deckel stehen lassen.
Ein hausgemachter Feigensenf ist ein wunderbarer Begleiter zu Käse und ein tolles Mitbringsel für Freunde.

Parmafeige
mit karamellisierten Pecannüssen

Zubereitungszeit 25 Min.
Zutaten für 4 Personen

16 Pecannüsse
2 gehäufte EL Zucker
1 Msp. Quatre épices
   (s. Seite 189)
4 Feigen
1 EL Olivenöl zum Braten
4 Scheiben Parmaschinken
einige Rucolablätter und alter
   Balsamico zum Ausgarnieren

1. Den Zucker mit den Quatre épices in eine beschichtete Pfanne geben und bei mittlerer Hitze karamellisieren. Die Pecannüsse hinzugeben und mit dem Karamell überziehen. Auf einem Stück Alufolie auskühlen lassen, dabei darauf achten, dass die Nüsse nicht zusammenkleben.

2. Die Feigen vorsichtig abwaschen und trockentupfen. Die Enden abschneiden. In einer Pfanne das Olivenöl erhitzen und die Feigen von beiden Seiten auf den Schnittflächen bei mittlerer Hitze 2 Min. braten.

3. Die Schinkenscheiben halbieren und zu Schleifen formen. Auf eine Platte oder einen Teller setzen. Die Feigen halbieren und in die Schleifen platzieren. Mit den Pecannüssen, Rucolablättern und Balsamico ausgarnieren.

Feigenravioli
mit Scheiben von der Barbarie-Entenbrust

Zubereitungszeit 2 Std.
Zutaten für 4 Personen

Für den Nudelteig
125 g Nudelgrieß
75 g Mehl, Type 405
2 Eier
1 Prise Salz
Nudelgrieß zum Ausrollen
1 Eiweiß zum Bepinseln

Für die Füllung
2 rote Zwiebeln
2 EL Zucker
150 ml Rotwein
100 ml Portwein
2 Thymianzweige
2 EL Butter | Salz
schwarzer Pfeffer
4 Feigen
40 g Gänseleber
1 Msp. Quatre épices
   (s. Seite 189)
1/2 TL Öl zum Braten
1 EL gehackte Petersilie

Für die Entenbrust
4 Barbarie-Entenbrüste
Salz | schwarzer Pfeffer
Olivenöl zum Braten
120 g Pfifferlinge
2 EL Butter
100 ml Entenjus (ersatzweise
   Kalbsjus; s. Seite 188)
Meersalz, z. B. Fleur de Sel

1. Für den Nudelteig alle Zutaten zu einem glatten Teig verarbeiten. In Klarsicht-folie wickeln und mindestens 1 Std. im Kühlschrank ruhen lassen.

2. Für die Füllung die Zwiebeln schälen, halbieren und ohne den weißen Trieb längs in Scheiben schneiden. Den Zucker in einem Topf vorsichtig goldgelb karamellisieren. Mit Rot- und Portwein ablöschen, Thymianzweige dazugeben und die Zwiebeln darin bei mittlerer Hitze 10–15 Min. garen. Dann die Zwiebeln durch ein Passiersieb gießen. Den Fond fast sirupartig einkochen. Zwiebeln und Butter hineingeben und mit Salz und Pfeffer abschmecken.

3. Die Feigen schälen und würfeln. Gänseleber würfeln, mit Quatre épices und Salz würzen. Öl in einer beschichteten Pfanne erhitzen, Feigen und Leber darin 1–2 Min. braten, dann auf Küchenpapier abtropfen lassen. Die Zwiebeln hacken, mit Feigen und Leber mischen, Petersilie dazugeben und Salz und Pfeffer ab-schmecken.

4. Den Teig mit Grieß bestäuben, mit der Nudelmaschine zu dünnen Platten ausrollen. Die Hälfte der Platten auf bemehlter Arbeitsfläche auslegen und je 1 TL der beiden Füllungen mit etwas Abstand auf dem Teig platzieren. Die Zwischenräume mit Eiweiß bepinseln. Die anderen Platten vorsichtig darauf andrücken. Ravioli ausstechen und auf ein bemehltes Backpapier geben.

5. Den Backofen auf 200° (Umluft 180°) vorheizen. Die Haut der Entenbrüste mit einer Rasierklinge rautenförmig einritzen. Salzen und pfeffern. Olivenöl in einer beschichteten Pfanne erhitzen und die Entenbrüste auf der Hautseite knusprig anbraten, dann auf einem Gitter im Ofen in 8–10 Min. rosa garen. Herausnehmen und ca. 5 Min. ruhen lassen.

6. Die Ravioli in kochendes Salzwasser geben und bei mittlerer Hitze 4–5 Min. garen. Abtropfen lassen.

7. Die Pfifferlinge säubern und in schäumender Butter 3–4 Min. braten. Die Entenjus erhitzen. Je 1 Raviolo auf vorgewärmten Tellern anrichten. Die Enten-brust in Scheiben aufschneiden und auf den Ravioli anrichten. Die Pfifferlinge dazugeben, mit Entenjus begießen und mit Fleur de Sel bestreuen.

Gebackene Feigen
mit Moscato-Zabaione

a Die gefüllten Feigen in den Teig tauchen. Eine Pinzette leistet hierbei gute Dienste.
b Im heißen Fett frittieren.

Zubereitungszeit 30 Min.
Zutaten für 4 Personen

Für die Feigen
4 große oder 8 kleine Feigen
4 ungesalzene Pistazienkerne
4 Stück Amarettini | 30 g Marzipan
1 EL Puderzucker

Für den Ausbackteig
30 g Butter | 110 g Mehl | 2 Eigelbe

125 ml Sekt oder Spumante
3 Eiweiße | 1 Prise Salz
Butterschmalz zum Ausbacken
Puderzucker zum Bestäuben

Für die Moscato-Zabaione
2 Eigelbe | 30 g Zucker
100 ml Moscato d'Asti

1. Feigen bei Bedarf waschen und vorsichtig trockentupfen. Von oben bis zur Mitte halbieren. Die Pistazien hacken. Die Amarettini zerbröseln. Das Marzipan klein würfeln. Puderzucker mit Pistazien, Amarettini und Marzipan vermischen. Die Feigen mit etwas Marzipanmischung füllen und vorsichtig zudrücken.

2. Für den Ausbackteig die Butter schmelzen. Das Mehl in eine große Schüssel geben und mit der Butter und den Eigelben glatt rühren. Den Sekt unterziehen. Die Eiweiße mit der Salzprise steif schlagen und unterheben.

3. Das Butterschmalz in einem Topf auf ca. 170° erhitzen. Die gefüllten Feigen in den Ausbackteig tauchen und im heißen Fett 4 Min. ausbacken. Auf Küchenpapier abtropfen lassen und warm halten.

4. Für die Moscato-Zabaione die Eigelbe in einer Metallschüssel mit Zucker und Moscato d'Asti verrühren, über einem heißen Wasserbad schaumig aufschlagen.

5. Die Zabaione in tiefe Teller geben, die Feigen hineinsetzen, mit Puderzucker bestäuben und mit etwas Himbeersauce (s. Tipp) ausgarnieren.

POLETTOS KOCHTIPP

Eine Himbeersauce passt hervorragend zu den gebackenen Feigen. Dafür Himbeeren mit Puderzucker nach Geschmack und etwas Zitronensaft pürieren.

Panettoneküchlein
mit Gewürzfeigen

Zeit zum Durchziehen 3 Tage
Zubereitungszeit 45 Min.
Zutaten für 4 Personen

Für die Gewürzfeigen
1/2 Vanilleschote | 50 g Zucker
150 ml Rotwein | 200 ml Portwein
1 Gewürznelke | 1/2 Zimtstange
1 Stück Sternanis | 1 Pimentkorn
4 cl Cassislikör | 1 TL Speisestärke
6 reife Feigen

Für die Panettoneküchlein
130 g Panettone (gibt's zur Weih-
    nachtszeit fertig zu kaufen)

Butter und Zucker für die Förmchen
Puderzucker zum Bestäuben
100 weiche Butter
50 g Zucker
2 Eier | 3 Eigelbe
70 g weiße Kuvertüre
50 g Mehl

Außerdem
4 Souffléförmchen à 125 ml Inhalt
    (oder Muffinformen)

a Eier und Eigelbe nacheinander
  in den Teig rühren.
b Ofenfeste Förmchen fetten und
  mit Zucker ausschwenken.
c Die marinierten Feigen aus ihrem
  Sud nehmen und mit den Küchlein anrichten.

1. Für die Gewürzfeigen die Vanilleschote längs halbieren und das Mark mit einem spitzen Messer auskratzen. Den Zucker in einem Topf goldgelb karamellisieren. Mit Rot- und Portwein ablöschen, Gewürze, Vanillemark und -schote dazugeben. Alles langsam bei mittlerer Hitze um die Hälfte einkochen lassen. Dann den Likör dazugeben. Die Speisestärke mit etwas kaltem Wasser anrühren, in die Flüssigkeit geben und einmal aufkochen, dann nicht weiter kochen lassen.

2. Feigen eventuell schälen, in einer Schüssel mit dem heißen Fond übergießen. Nach dem Auskühlen zugedeckt im Kühlschrank mindestens 3 Tage ziehen lassen.

3. Für die Küchlein den Ofen auf 180° (Umluft 160°) vorheizen. Den Panettone klein würfeln. Die Souffléförmchen mit Butter einpinseln und mit Zucker ausstreuen. Die Butter schaumig schlagen, dabei nach und nach den Zucker einstreuen. Eier und Eigelbe hinzufügen.

4. Die Kuvertüre fein zerkleinern und über einem Wasserbad schmelzen lassen. Langsam in den Teig fließen lassen. Das Mehl in die Teigmasse sieben und mit den Panettonewürfeln vorsichtig unterheben. Die Masse in die Förmchen geben und im Ofen 15–18 Min. backen.

5. Die Feigen aus dem Sud nehmen, vierteln und mit etwas Fond anrichten. Die Küchlein stürzen, mit Puderzucker bestäuben und auf die Teller platzieren.

Tarte Tatin
mit Feigen und Vanilleeis

Zubereitungszeit 55 Min.
Zutaten für 4 Personen

10–20 Feigen, je nach Größe
100 ml Portwein
Butterblätterteig für 4 Böden von
  9 cm Ø (vom Konditor oder tief-
  gefroren)
50 g Butter für die Förmchen

50 g Zucker
4 Kugeln Vanilleeis zum Anrichten

Außerdem
4 kleine Tarteförmchen aus Metall
  mit 8 cm Ø

a Mit einem Bunsenbrenner den
  Zucker in den Förmchen erhitzen
  und karamellisieren.
b Feigenspalten rosettenförmig in
  den Förmchen verteilen.
c Den Teigrand etwas andrücken.

1. Die Feigen bei Bedarf waschen und trockentupfen. Mit dem Portwein in
eine Schüssel geben und 30 Min. marinieren. TK-Blätterteig auftauen lassen.
Den Backofen auf 200° (Umluft 180°) vorheizen.

2. Die Förmchen ausbuttern. Den Zucker gleichmäßig einstreuen und mit
einem Bunsenbrenner karamellisieren.

3. Die Feigen in Scheiben schneiden und rosettenförmig oder gefächert in
die Förmchen legen. Den Blätterteig rund ausstechen, dabei darauf achten,
dass die Kreise etwas größer ausfallen als die Förmchen. Die Blätterteigkreise
mit einer Gabel einstechen und auf die Feigen legen. Die Ränder leicht andrücken. Im Ofen 12–15 Min. backen. Die Förmchen aus dem Ofen nehmen
und sofort stürzen, sonst wird der Karamell wieder fest und lässt die Feigen
in den Förmchen ankleben.

4. Die Tartes noch warm auf Tellern anrichten und mit je 1 Kugel Vanilleeis
sofort servieren.

Bodenständiges Federvieh

HÜHNER sind meine schönste kulinarische Kindheitserinnerung: Unser Nachbar damals auf dem Land, der Sizilianer Esposito, hielt prachtvolle frei laufende Hühner. Sie waren, frisch aus dem Ofen, ein fabelhafter Genuss. Bei Hühnern gibt es viel Abwechslung: Ob deutsches Freilandgeflügel, die Bresse-Poularde, Perl- oder Schwarzfederhuhn – immer verlangt der zarte Eigengeschmack dezentes Würzen. Ein wenig Rosmarin, Knoblauch, Olivenöl, Zitrone und Salz: perfekt! Und: In meiner Küche köchelt ständig ein Hühnerfond – die elegante Basis für viele Arten von Saucen, Reduktionen oder Risotti.

1 Ganze Poularde

2 Küchengarn zum Binden

3 Flügel

4 Brust

5 Ganzer Schenkel

6 Unterschenkel

Huhn auf einen Blick

Bei kaum einem Produkt gibt es eine solche Kluft zwischen Erzeugnissen aus Massentierhaltung und artgerecht aufgewachsenen Tieren. Hühner kommen unter verschiedenen Bezeichnungen auf den Markt: Ein Stubenküken von 3–5 Wochen wiegt ca. 350 g, das Hähnchen ist 10–12 Wochen alt und wiegt 750–1100 g, die Poularde (10–12 Wochen) zwischen 2 und 2,5 kg, und das Suppenhuhn (12–15 Monate) wiegt 1 1/2–2 1/2 kg.

1 Ganze Poularde
Poularden erhält man in verschiedenen Qualitäten, abhängig vom Alter und der Aufzuchtmethode.

2 Küchengarn zum Binden
Ein gefülltes Hähnchen wird vor dem Braten »dressiert«, d. h., mit Küchengarn gebunden, damit die Füllung im Körper bleibt und das Tier insgesamt seine Form behält.

3 Flügel
Eine Weile marinieren und kross braten oder grillen, dazu ein paar Dips: So sind Hähnchenflügel stark im Trend.

4 Brust
Sie sitzt links und rechts vom Brustbein und lässt sich gut kurz braten oder auch schmoren. Beim Metzger erhält man entweder die ganze Brust mit Knochen oder als Filets ohne Haut.

5 Ganzer Schenkel
Das Fleisch schmeckt kräftiger als das Brustfleisch und ist auch nicht so hell. Es lässt sich gut schmoren, braten oder grillen.

6 Unterschenkel
Sie sind zum Braten und Grillen gut geeignet und sehr beliebt als Fingerfood.

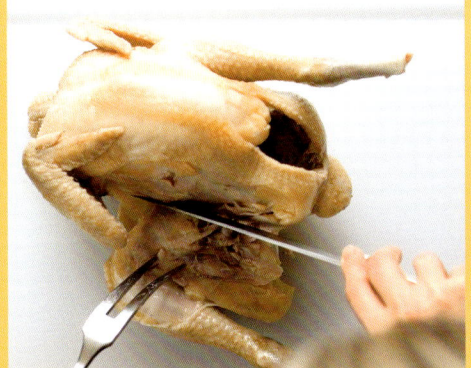

Poularde tranchieren

Ein fertig gegartes oder gebratenes Hähnchen zu tranchieren ist keine große Kunst. Wichtig sind eine Tranchiergabel, ein schweres scharfes Messer und ein paar anatomische Kenntnisse. Zuerst die Ober- und Unterschenkel im Ganzen abschneiden. Dann links und rechts entlang des Brustbeins das Brustfilet vorsichtig von der Karkasse lösen. Wer mag, kann dann noch die Schenkel in Ober- und Unterschenkel teilen.

Hähnchenleber-Tramezzini
mit Trüffelvinaigrette

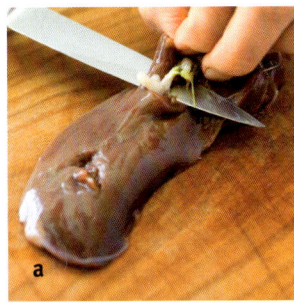

a/b Die Lebern von Fett und Blut-
gefäßen befreien.
c Schwarze Trüffeln: Kostbar wie
Gold, geben sie in kleinen
Mengen eine unvergleichliche
Geschmackskomponente an
ein Gericht.

Zubereitungszeit 40 Min.
Zutaten für 4 Personen

Für die Trüffelvinaigrette
40 g schwarze Trüffel
5 EL bestes Olivenöl
50 ml Madeira
2 EL Trüffelsaft
  (Fertigprodukt)
2 EL Trockenbeerenauslese-
  Essig
Meersalz, z. B. Fleur de Sel
schwarzer Pfeffer

Für die Tramezzini
1 großer säuerlicher Apfel
  (z. B. Gala oder Elstar)
2 EL Zucker | 3 EL Butter
4 dünne Scheiben Brioche
  (ersatzweise Toastbrot)
8 Blätter Radicchio
160 g Hähnchenleber
1 Zweig Thymian
Meersalz, z. B. Fleur de Sel
schwarzer Pfeffer

1. Für die Trüffelvinaigrette zwei Drittel der Trüffel in Würfel schneiden und bei mittlerer Hitze in 2 EL Olivenöl leicht anschwitzen. Madeira angießen und einkochen lassen. In eine Schüssel geben und mit den restlichen Zutaten zur Vinaigrette verrühren.

2. Für die Tramezzini den Apfel waschen, schälen, vierteln, das Kerngehäuse entfernen und jedes Viertel in drei Spalten schneiden. Apfelspalten mit Zucker und 1 EL Butter in einer Pfanne goldgelb karamellisieren.

3. Die Briochescheiben toasten, noch warm die Ränder abschneiden und die Scheiben diagonal halbieren. Den Radicchio waschen und putzen.

4. Die Hähnchenleber von Fett befreien und mit dem Thymianzweig bei mittlerer Hitze in der restlichen Butter insgesamt 3 Min. anbraten. Erst dann mit Salz und Pfeffer würzen. Die Lebern in 1 cm dicke Tranchen schneiden.

5. Zum Anrichten 4 Briochescheiben ausbreiten und mit Radicchioblättern, Apfelspalten und Hähnchenleber belegen. Mit Trüffelvinaigrette umgießen und die restlichen Trüffel darüber hobeln. Mit den anderen Briochescheiben belegen. Sofort servieren.

Gelierter Geflügelsalat
mit Ofentomaten

Zubereitungszeit 1 Std. 15 Min.
Zutaten für 8 Personen

3 Knoblauchzehen
1 EL Olivenöl
1 TL Raz el hanout (marok-
  kanische Gewürzmischung)
1 EL Tomatenmark
1 l kräftiger Geflügelfond
4 Hühnerbrustfilets
2 Eiweiße | Salz
8 Blatt Gelatine
je 1 gelbe und rote Paprikaschote
8 Tomatenfilets, im Ofen
  getrocknet (s. Seite 175)
4 Mini-Zucchini
einige Thymianblättchen

1. Den Knoblauch schälen, in Scheiben schneiden und mit dem Olivenöl, dem Raz el hanout und Tomatenmark in einem Topf leicht anrösten. Mit Geflügelfond ablöschen und zum Kochen bringen. Die Hühnerbrüste einlegen und knapp unter dem Siedepunkt in etwa 10 Min. pochieren.

2. Die Hühnerbrüste herausnehmen und kalt stellen. Den Fond auskühlen lassen, entfetten und die beiden Eiweiße mit dem Schneebesen einrühren. Langsam aufkochen lassen, bis das Eiweiß die Trübstoffe bindet und sich oben absetzt. Den Fond vorsichtig durch ein Küchentuch abgießen und mit Salz kräftig abschmecken. Es bleiben ca. 800 ml Fond.

3. Die Gelatine in kaltem Wasser einweichen, ausdrücken und in die handwarme Flüssigkeit einrühren. Das Gelee ca. 1 Std. kalt stellen.

4. Paprikaschoten waschen, putzen und vierteln. Unter dem Backofengrill grillen, bis die Haut schwarz wird und Blasen wirft. Auskühlen lassen und häuten. Mit den Tomatenvierteln in kleine Rauten bzw. mundgerechte Stücke schneiden. Zucchini waschen und mit einem Sparschäler in dünne Scheiben hobeln.

5. Die Hühnerbrüste von der Haut befreien und der Länge nach in dünne Scheiben schneiden. Fleisch und Gemüse locker auf acht kalten Tellern anrichten, großzügig mit Gelee überziehen und mit ein paar Thymianblättchen bestreuen. Dazu passt eine leichte Kräutercreme mit saurer Sahne und Kräutern.

REMIGIOS WEINTIPP

Zwei, die sich mögen: Huhn und Pinot Noir
Der Pinot Noir ist für mich der König der Rotweine. Weich wie Samt streichelt ein gelungener Pinot Noir die zarten Aromen des Huhnes. Aber leider, leider: Der Pinot Noir ist auch die kapriziöseste der großen Rebsorten. An keinem anderen Wein haben sich so viele Winzer vergeblich versucht, um Spitzenqualitäten zu erzeugen. Die besten stammen, auch hier wieder mein Bekenntnis zu den »Klassikern«, aus ihrem Kernland,

dem Burgund. Dabei hängt sehr viel mehr von der Qualität des Erzeugers ab als von der Lagenklassifizierung. Ein »einfacher« Bourgogne AC von einem traditionellen Erzeuger vermag allemal mehr Freude zu bereiten als ein barrique-übertönter Grand Cru – wobei ein Grand Cru vom »richtigen« Erzeuger dann schon die Krone der (Rotwein-) Schöpfung ist. Übrigens: Neben den besten Pinot Noirs der Welt stammen – Zufall oder nicht – auch einige der wertvollsten Hühnerrassen aus dem Burgund.

Hühnereintopf
Minestrone di pollo

Zubereitungszeit 1 Std. 20 Min.
Zutaten für 4 Personen

1 Bund Suppengrün
1 Gemüsezwiebel
1 Bresse-Poularde, ca. 1 1/2 kg
200 ml Weißwein
ca. 3 l Geflügelbrühe
2 Lorbeerblätter
je 2 Zweige Thymian
   und Petersilie
10 Pfefferkörner
1 Gewürznelke
3 Pimentkörner
8 Stangen weißer Spargel
8 Stangen grüner Spargel
6 Stangen Staudensellerie
100 g gepalte Erbsen
100 g gepalte Saubohnen
   (Dicke Bohnen)
8 Fingermöhren
Meersalz, z. B. Fleur de Sel
1/2 Bund Kerbel

1. Die Suppengemüse putzen und waschen. Die Gemüsezwiebel schälen, halbieren und mit den Schnittflächen auf einem Stück Alufolie in der Pfanne dunkel bräunen. Die Bresse-Poularde ausnehmen und waschen. Den Weißwein mit der Geflügelbrühe, dem Suppengemüse, der Zwiebel, dem Lorbeer und den Kräutern in einen Topf geben und aufkochen lassen. Die Poularde hineingeben und bei schwacher Hitze kurz unter dem Siedepunkt in 45–60 Min. gar ziehen lassen.

2. Inzwischen den weißen Spargel ganz schälen, vom grünen Spargel nur die Enden. Den Sellerie schälen und die Fäden ziehen. Sellerie in schräge Stücke von ca. 3 cm Länge schneiden. Die Erbsen und Saubohnen kurz in kochendes Wasser geben und dann gleich in Eiswasser abschrecken. Von den Saubohnen die dünne Haut entfernen. Die Fingermöhren schälen.

3. Die Gemüse in Salzwasser einzeln bissfest kochen und in Eiswasser abschrecken.

4. Die fertige Poularde aus dem Fond heben und tranchieren. Die Haut entfernen, das Fleisch von den Knochen lösen und würfeln. Den Fond durch ein Spitzsieb passieren und in den Topf zurückgeben. Eventuell mit Fleur de Sel abschmecken. Die Gemüse- und Hühnerteile in den Fond geben, erhitzen und mit Kerbelblättchen garnieren.
Um den Hühnereintopf abzurunden, empfehle ich, etwas Salsa verde (Rezept s. Seite 123) dazuzureichen.

Anstelle der Frühlingsgemüse wie Spargel und Erbsen passen auch kleine Zucchini und Romanesco-Röschen.

Polentalasagne
mit confierter Perlhuhnkeule

a Die Perlhuhnkeulen confieren:
   Dabei werden sie in heißem
   Fett wie in einer Brühe langsam
   gegart.
b Beim Polentakochen ist das
   stetige Rühren sehr wichtig.

Zeit zum Confieren 3–4 Std.
Zubereitungszeit 1 Std. + Auskühlzeit
Zutaten für 4 Personen

2 Perlhuhnkeulen
Salz | schwarzer Pfeffer
750–1000 g Gänseschmalz
je 1 Zweig Rosmarin, Thymian und
   Salbei
150 g grobe Polenta (z. B. Bramata)
ca. 800 ml Geflügelbrühe

1 Lorbeerblatt | 1 EL Butter
200 g Pilze (z. B. Pfifferlinge, Kräuter-
   saitlinge)
4 Stangen Frühlingslauch
8 Stangen grüner Spargel
einige Salbeiblätter
Olivenöl zum Braten | 150 ml Kalbsjus

1. Die Keulen salzen und pfeffern. Etwas Schmalz in einer Pfanne erhitzen und die Keulen darin rundum anbraten. Das restliche Schmalz in einem Topf auf ca. 80° erhitzen und die Keulen mit den Kräuterzweigen einlegen (sie sollen vom Fett bedeckt sein). Im Ofen bei 80° 3–4 Std. confieren. Die Keulen sind fertig gegart, wenn das Fleisch butterweich ist und sich leicht vom Knochen löst. Die Keulen herausheben und leicht auskühlen lassen. Die Haut entfernen, das Fleisch von den Knochen lösen und in mundgerechte Stücke zupfen.

2. Für die Polenta die Brühe mit dem Lorbeerblatt aufkochen, leicht salzen und die Polenta unter ständigem Rühren einrieseln lassen. Polenta unter gelegentlichem Rühren ca. 30 Min. köcheln lassen. Vom Herd nehmen und mit Butter und Salz abschmecken. Die Polenta 4 cm dick auf ein kleines Blech streichen, gut auskühlen lassen; dann stürzen und in 4 Quadrate von ca. 7 cm Länge schneiden. Die Quadrate mit einem Tortenschneider oder einem dünnen Messer in je 3 dünne Scheiben schneiden. Dann die Scheiben in einer beschichteten Grillpfanne ohne Öl von beiden Seiten grillen.

3. Inzwischen die Pilze putzen und eventuell halbieren. Den Frühlingslauch putzen, waschen und halbieren. Vom Spargel nur das untere Drittel schälen, die Stangen für 2 Min. in kochendes Salzwasser geben, gleich in Eiswasser abschrecken und halbieren.

4. Die Gemüse mit ein paar Salbeiblättern in Olivenöl anbraten, salzen und pfeffern. Fleisch mit der Jus erhitzen, eventuell nachwürzen. Je 1 Polentascheibe auf vier vorgewärmte Teller setzen. Perlhuhnragout, Gemüse und 1 weitere Polentascheibe darauf legen. Diesen Vorgang wiederholen, sofort servieren.

Involtini vom Perlhuhn
mit Südtiroler Speck

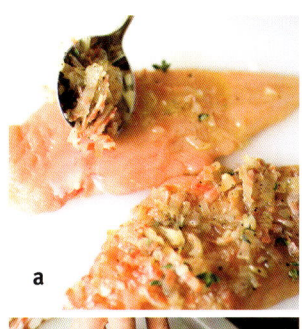

a

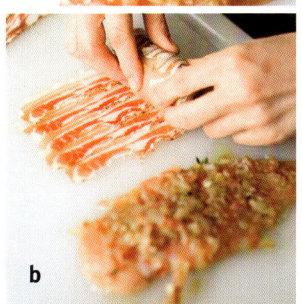

b

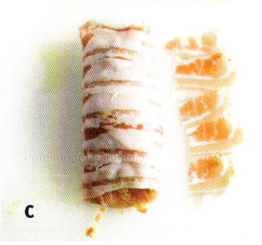

c

a Die Füllung auf die Bruststücke
verteilen und das Fleisch aufrollen.
b Die Rollen auf Speckscheiben
setzen und in diese einrollen.
c Überstehende Speckstücke
abschneiden.

Zubereitungszeit 40 Min.
Zutaten für 4 Personen

4 Perlhuhnbrüste
4 Schalotten
2 Knoblauchzehen
4 Scheiben Südtiroler Speck (ca. 40 g)
20 g Butter
4 Zweige Thymian
schwarzer Pfeffer, Salz

20 dünne Scheiben Südtiroler
   Speck zum Einwickeln
Olivenöl zum Braten
50 ml Weißwein
100 ml dunkler Geflügel-
   oder Kalbsfond
1 EL Butter

1. Den Backofen auf 160° vorheizen. Die Perlhuhnbrüste zwischen zwei Folien leicht plattieren. Schalotten und Knoblauch schälen und fein würfeln. Den Speck ebenfalls fein würfeln. Die Butter in einer Pfanne erhitzen und die Speckwürfel darin bei mittlerer Hitze anbraten, dann Schalotten und Knoblauch dazugeben und mitbraten. Die Blätter von 2 Thymianzweigen fein schneiden, unterheben und die Masse mit Pfeffer abschmecken.

2. Die Perlhuhnbrüste leicht salzen und pfeffern, die Speckfüllung darauf gleichmäßig verteilen. Die Perlhuhnbrüste von der spitzen Seite her aufrollen. Je 5 Speckscheiben nebeneinander legen und die Involtini einzeln darin ein-wickeln. Die überstehenden Enden abschneiden.

3. Olivenöl in einer ofenfesten beschichteten Pfanne erhitzen und die Perlhuhn-Involtini mit den restlichen Thymianzweigen darin von allen Seiten anbraten. Im Ofen bei 160° 4–6 Min. garen. Dann herausnehmen und ca. 5 Min. ruhen lassen. Schräg halbieren. Den Bratensatz in der Pfanne mit Wein ablöschen, etwas einkochen lassen und mit Geflügelfond auffüllen. Etwa auf die Hälfte ein-kochen und mit kalter Butter binden.

POLETTOS KOCHTIPP

Als Beilage zu den Involtini empfehle
ich die Artischocken- Steinpilz-Kasserolle
(s. Seite 33), die Bohnenkasserolle
(s. Seite 43) oder einfach Ofenkartoffeln.

Polettos Amalfigockel
Estragonhähnchen mit Knoblauch-Zitronen-Füllung

a Die Haut vorsichtig vom Hals aus vom Fleisch lösen.
b Mit einem flachen Löffel oder mit der Hand die Zitronenbutter unter die Haut schieben.
c Das fertige Hähnchen tranchieren (s. Seite 83).

Zubereitungszeit 1 Std. 15 Min.
Zutaten für 4 Personen

2 Bio-Zitronen
2 junge Knoblauchknollen
1 wunderschöner Bauerngockel
  oder Schwarzfederhuhn, ca. 1 1/2 kg
Fleur de Sel mit Zitronenaroma
  (s. Seite 189)
schwarzer Pfeffer
je 1 Zweig Estragon, Rosmarin
  und Thymian
1 l Geflügelbrühe

Für die Zitronenbutter
2 Zweige Estragon
je 1 Zweig Basilikum,
  glatte Petersilie, Lieb-
  stöckel und Kerbel
2 Bio-Zitronen
100 g weiche Butter
Fleur de Sel mit Zitronenaroma
  (s. Seite 189)
schwarzer Pfeffer

1. Den Backofen auf 200° vorheizen. Die Zitronen waschen und in Spalten schneiden. Den Knoblauch halbieren. Das Hähnchen ausnehmen, waschen und abtrocknen. Die Haut über der Brust vom Hals aus vorsichtig vom Fleisch lösen. Das Hähnchen von innen und außen kräftig mit Fleur de Sel und Pfeffer würzen. Mit Knoblauch, Kräutern und einigen Zitronenspalten füllen.

2. Für die Zitronenbutter die Kräuter waschen, trockentupfen, die Blättchen abzupfen und fein schneiden. Die Zitronen waschen und die Schale abreiben. Alles mit der Butter mischen und mit Salz, Pfeffer und Zitronensaft abschmecken. Die Butter vorsichtig unter die Haut von Brust und Keulen schieben. Den Rest in die Haut massieren.

3. Das Hähnchen auf dem Rost in den Ofen (Mitte) schieben. Die Fettpfanne darunter mit Geflügelbrühe und den restlichen Zitronenspalten füllen, das Hähnchen 30–40 Min. garen. Zwischendurch immer mit dem Bratfond begießen. Sollte der Gockel nach 30 Min. noch nicht kross sein, einfach ein paar Min. auf höchster Grillstufe nachbräunen.

4. Den Bratensatz durch ein Spitzsieb in einen Topf gießen, gegebenenfalls noch etwas einkochen lassen und mit Salz und Pfeffer abschmecken. Das Hähnchen tranchieren, den Bratenfond dazu reichen und sofort servieren. Als Beilage passt ein einfacher grüner Salat mit Baguette oder ein Couscous-Salat.

Ungeheuer lecker
aus der Tiefe

KABELJAU
Wozu er mich besonders inspiriert, sind feine mediterrane Zubereitungen mit einheimischen Zutaten. Das macht ja auch Sinn: Was **hier gedeiht,** kommt oft in hervorragender Qualität an Land. Kabeljau wird überdies absolut unterschätzt: Mit seinem festen, wohlschmeckenden, **zartblättrigen Fleisch** gehört er eigentlich zu den Edelfischen. Außerdem reizt es mich, aus weniger elitären Zutaten tolle Gerichte zu zaubern. Kabeljau schmeckt fein und nicht zu vordergründig; so erlaubt er vielerlei **Zubereitungsarten** und harmoniert mit den verschiedensten Kräutern, Gewürzen und Gemüsen.

1 Kabeljauhälfte

2 Filetstück ohne Haut

3 Filetstück mit Haut

4 Steak vom Kabeljau

Kabeljau auf einen Blick

Mit seinen zehn Familien und insgesamt über 650 Varianten gehört der Kabeljau zu den »dorschartigen« Fischen. Die meisten Arten finden sich in der Gattung der Dorschfische – diese sind gleichzeitig auf der Nordhalbkugel der Erde die für die menschliche Ernährung wichtigste Fischfamilie überhaupt.

Der bekannteste Dorschfisch ist der Kabeljau – so heißt der ausgewachsene, geschlechtsreife Fisch, der von Spitzbergen bis an die Küsten von Großbritannien, an der grönländischen und nordamerikanischen Küste beheimatet ist. Der gleiche Fisch, jedoch kleiner, jünger, noch nicht ausgewachsen und aus der Ostsee stammend, wird Dorsch genannt. Der Kabeljau oder Dorsch liefert hervorragendes, vielseitig verwendbares weißes Fleisch und wird in der so genannten »feinen« Küche bisweilen unterschätzt.

Zu den Dorschfischen gehören noch viele weitere, zum Teil nicht ganz so edle Speisefische, die sich als »Bewohner« unserer Tiefkühltruhen und als Bestandteile von Fischstäbchen oder Schlemmerfilets unentbehrlich gemacht haben: Seelachs oder Köhler, Schellfisch und Alaska-Pollack sind hier als wichtigste zu nennen. Kleiner, feiner Geheimtipp aus der Dorschfamilie: der Wittling. In Butter gebraten zählt er zum Feinsten, was die sieben Meere hergeben.

Eine Sonderform des Kabeljaus ist der so genannte Skrei. Als Skrei oder »Wanderer« bezeichnet man den Kabeljau, der zum Laichen aus den kalten nordischen Gewässern in wärmere Gefilde zieht. Wegen der Wanderschaft ist sein Fleisch besonders fest und weiß. Skrei gibt es nur im Frühjahr.

Stücke vom Kabeljau

1 Kabeljauhälfte
ohne Kopf, Schwanz und Flossen.

2 Filetstück ohne Haut
Gut zum Dämpfen und Dünsten geeignet.

3 Filetstück mit Haut
Mit eingeritzter Haut gut zum Krossbraten geeignet.

4 Steak vom Kabeljau
Ebenfalls gut zum Krossbraten geeignet.

REMIGIOS WEINTIPP

Zwei, die sich mögen: Kabeljau und Grüner Veltliner
Der Kabeljau mit seinem festen weißen Fleisch ist prädestiniert für frische, klare, den Gaumen belebende Speisenkompositionen. Dazu passt Österreichs Paraderebsorte Grüner Veltliner hervorragend: Die besten Veltliner haben ja auch lebhafte, fast »grüne Aromen« und eine unnachahmliche, nur dieser Rebsorte eigene Pfeffrigkeit. Und die ergänzt sich großartig mit den frischen Weißfischaromen. Gerade beim Grünen Veltliner muss der Wein nicht zu schwer sein – 14 % Alkohol und Barriqueausbau überdecken häufig den Rebsortencharakter, die leichteren, stahltankausgebauten Varianten sind in der Regel lebhafter und animierender. Und: Es muss nicht mehr unbedingt die Wachau sein. Andere Regionen Österreichs, wie z. B. Weinviertel, Kamptal oder Kremstal haben mit hervorragenden neuen Winzerentdeckungen nachgezogen.

Küchenpraxis Kabeljau

Auf der Haut ist out! Das lange Zeit angesagte Anbraten auf der Haut ist nur bedingt zu empfehlen: Sie haben zwar auf der Hautseite einen schön angebratenen Fisch, die andere Seite wird hingegen schnell trocken. Und – die Haut ist *nicht* der Träger edlen Wohlgeschmacks. Wenn Sie Kabeljau an der Haut braten wollen, dann am besten folgendermaßen: Zuerst braten Sie die Nicht-Hautseite kurz an, dann wenden Sie das Fischstück auf die Hautseite und braten ebenfalls an. Nun schütten Sie das Bratfett ab, geben anschließend ein paar Butterflocken oder bestes Olivenöl hinzu und lassen den Fisch bei geringer Hitze im Ofen gar ziehen. Die Hautschicht schützt vor dem Austrocknen und wird vor dem Verzehr abgezogen. Eine besonders attraktive Variante: lassen Sie den Fisch, schön von Olivenöl umhüllt, bei moderaten 80 bis 95° im Ofen garen. Scharfes Anbraten ist gar nicht erforder-

lich. Das komplett von Olivenöl umhüllte Fischfilet kann auch bei Niedrigtemperatur gegart werden, verliert dann weder Saft noch Aromen und es gibt auch nicht das berüchtigte stockende Eiweiß. Das Olivenöl kann auch sehr schön mit Kräutern, Gewürzen oder z. B. Zitronenzesten aromatisiert sein – das gibt einen sehr feinen Geschmack. Säuern und Salz – Gott behalt's! Wenn Sie ein hochwertiges Stück Kabeljaufilet ergattert haben: Werfen Sie die alte Hausfrauenregel »säubern, säuern, salzen« getrost über Bord! Zu säubern brauchen Sie ein schönes Filet sowieso nicht. Essig verfälscht eher den guten Eigengeschmack, als dass er im positiven Sinne etwas bewirkt. Und wenn Sie vor dem Zubereiten salzen, entziehen Sie dem Fischfleisch Wasser und machen ihn trocken. Besser ist: in Ruhe garen, mit Öl und ein paar Kräutern, hinterher mit Salz, am besten Fleur de Sel, nach Geschmack nachsalzen.

Das A und O des Filetierens ist ein scharfes Messer, mit dem der Fisch über die Länge aufgeschnitten wird.
Sämtliche Gräten – die Mittelgräte sowie die Bauchhöhlengräten – auslösen und abschneiden.
Die kleinen Fleischgräten mit einer Grätenzange oder einer Pinzette entfernen.

Kabeljau-Crostini
mit San-Daniele-Schinken

Zubereitungszeit 50 Min.
Zutaten für 12 Crostini

12 Scheiben Baguette
150 ml Olivenöl
2 Scheiben San-Daniele-
  Schinken
8 Knoblauchzehen
50 g getrocknete, in Öl
  eingelegte Tomatenfilets
50 g in Öl eingelegte Pimentos
  (spanische Paprikaschoten)
Salz | schwarzer Pfeffer
1/2 l Fischfond (Glas)
4 Zweige Estragon
400 g Kabeljaufilet an der Haut
Meersalz, z. B. Fleur de Sel

1. Die Baguettescheiben in 100 ml Olivenöl von beiden Seiten kross anbraten. Auf Küchenpapier abtropfen lassen. Das Öl abgießen.

2. Den San-Daniele-Schinken in 20 ml Öl kross braten, auf Küchenpapier abtropfen und auskühlen lassen, dann zwischen den Fingern zerbröseln.

3. Den Knoblauch schälen. 3 Zehen mit dem Trüffelhobel in dünne Scheiben hobeln und in 10 ml Olivenöl goldgelb braten. Herausheben und auf Küchenpapier abtropfen lassen.

4. Tomaten, Pimentos und 1 Knoblauchzehe mit dem Pürierstab zu einer Paste mixen, bei Bedarf etwas Olivenöl zugeben und mit Salz und Pfeffer abschmecken.

5. Fischfond, die restlichen Knoblauchzehen, 3 Estragonzweige und 10 ml Olivenöl aufkochen lassen, leicht salzen und den Topf zur Seite ziehen. Das Fischfilet im Ganzen einlegen und zugedeckt in ca. 15 Min. gar ziehen lassen – der Fisch ist gar, wenn er blättrig auseinander gezogen werden kann und im Inneren leicht glasig ist. Den Fisch herausnehmen und in Stücke teilen.

6. Zur Fertigstellung die Paste auf die Crostini streichen, die Kabeljaustücke darauf verteilen, mit Fleur de Sel würzen, die Schinkenbrösel und den restlichen Estragon darüber geben. Crostini mit dem gerösteten Knoblauch und einigen Tropfen Olivenöl garnieren.

Der gegarte Kabeljau lässt sich am besten mit den Fingern in »crostini-gerechte« Stücke teilen.

Kalter Salat von schwarzen Linguine
mit mariniertem Kabeljau

Zubereitungszeit 45 Min.
Zutaten für 4 Personen

200 g schwarze Linguine
Salz
200 g Kabeljaufilet ohne Haut
150 ml bestes Olivenöl
1/2 Peperoncino, nach
  Geschmack
Saft und Schale von
  1 Bio-Limette
Meersalz, z. B. Fleur de Sel
schwarzer Pfeffer
2 Zweige Basilikum
4 Zweige Koriandergrün
1 TL Ahornsirup

1. Die Linguine in kochendem Salzwasser al dente garen, abgießen und in kaltem Salzwasser abschrecken.

2. Das Kabeljaufilet kalt abbrausen, trockentupfen und in Würfel schneiden. Die Kabeljauwürfel in eine Schüssel geben und mit 50 ml Olivenöl, Peperoncini, etwas Limettensaft, Fleur de Sel und Pfeffer würzen. Basilikum und Koriander waschen, trockentupfen, die Blätter abzupfen und in feine Streifen schneiden.

3. Zum Marinieren den restlichen Limettensaft und die Limettenschale mit Ahornsirup, Fleur de Sel, Pfeffer und Olivenöl verrühren.

4. Die Linguine durch ein Spitzsieb abgießen, zur Vinaigrette geben. Die Linguine 15 Min. marinieren; zum Schluss die geschnittenen Kräuter unterheben.

5. Die Pasta auf vier Tellern anrichten und die Kabeljauwürfel darüber geben.

Der Fisch wird nicht gebraten, sondern »gart« in der Marinade.

Pescaccio vom Kabeljau
mit Salsa pizzaiola

Zubereitungszeit 35 Min.
Zutaten für 4 Personen

240 g Kabeljaufilet ohne Haut
2 EL bestes Limettenöl
1 Tomate
2 EL schwarze Oliven
   (z. B. Taggiasca-Oliven)
1 Schalotte
1 Knoblauchzehe
Saft von 1 Zitrone
Meersalz, z. B. Fleur de Sel
schwarzer Pfeffer
150 g bestes Olivenöl
je 1 TL fein geschnittene
   glatte Petersilie, Thymian,
   Schnittlauch
2 EL Kapernfrüchte

Die Fischstückchen auf eine stabile Unterlage legen und mit Folie bedecken.

Den Fisch platt klopfen. Das geht z. B. gut mit der Unterseite einer Pfanne oder einer Kasserolle.

1. Das Kabeljaufilet kalt abbrausen und trockentupfen. In dünne Scheiben schneiden und dünn klopfen (s. Stepbilder). Vier Teller mit dem Limettenöl dünn einpinseln, die Kabeljauscheiben darauf legen und ebenfalls mit dem Öl bepinseln. Die Teller mit Klarsichtfolie abdecken und kalt stellen (s. Tipp).

2. Für die Salsa pizzaiola die Tomate häuten, entkernen und das Fruchtfleisch würfeln. Oliven entkernen und klein schneiden. Schalotte und Knoblauch schälen, fein würfeln und kurz in kochendes Wasser geben; dann zusammen mit der Tomate und den Oliven in einer Schüssel mit Zitronensaft, Fleur de Sel, Pfeffer und Olivenöl verrühren. Kräuter und Kapernfrüchte dazugeben und abschmecken.

3. Die »Pescacci« aus dem Kühlschrank nehmen, die Folie entfernen und die Fischscheiben salzen und pfeffern. Mit der Salsa pizzaiola marinieren, nach Geschmack mit etwas Salat ausgarnieren.

POLETTOS KOCHTIPP

Die fertig gelegten Kabeljau-Pescacci lassen sich wunderbar einige Stunden vor dem Servieren vorbereiten und im Kühlschrank aufbewahren. Man kann bei Platzmangel die abgedeckten Teller sogar stapeln, ohne danach »Tatar« zu haben.
Wer das »Pescaccio« lieber lauwarm genießen möchte, lässt die Fischscheiben im vorgeheizten Ofen bei maximaler Oberhitze 2–3 Min. garen und würzt erst danach mit Salz, Pfeffer und Salsa pizzaiola.

Kartoffelsuppe
mit Baccalà

Zeit zum Wässern 2–3 Tage
Zubereitungszeit 35 Min.
Zutaten für 4 Personen

250 g Baccalàfilet (Stockfisch)
5 Knoblauchzehen
1/2 l Milch
2 Thymianzweige
500 g mehlig kochende
    Kartoffeln
1 Schalotte
1 EL Butter
50 ml Noilly Prat
100 ml Weißwein
800 ml Fischfond (Glas)
100 g Crème fraîche
60 ml bestes Olivenöl
Meersalz, z. B. Fleur de Sel
Saft von 1/2 Zitrone
4 EL Sahne

1. Den Baccalà 2–3 Tage wässern, dabei 2-mal täglich das Wasser wechseln.

2. Den Knoblauch schälen und fein schneiden. Den Baccalà grob zerkleinern, sämtliche Gräten und Hautreste entfernen und mit der Milch, dem Thymian und 4 Knoblauchzehen in einen Topf geben. Aufkochen lassen und bei schwacher Hitze in ca. 15 Min. weich garen.

3. Inzwischen die Kartoffeln schälen und in grobe Würfel schneiden. Die Schalotte schälen, fein würfeln und mit der restlichen Knoblauchzehe in der Butter glasig anschwitzen. Mit Noilly Prat und Weißwein ablöschen und etwas einkochen lassen. Den Fischfond dazugießen und die Kartoffelwürfel dazugeben. Die Kartoffeln im Sud weich garen.

4. Den Baccalà aus der Milch heben, etwas abkühlen lassen und in kleine Stücke zupfen. Die schönsten davon als Suppeneinlage beiseite legen.

5. Die Kartoffeln mit dem Baccalà, der Milch, Crème fraîche und Olivenöl pürieren. Je nach Geschmack mit mehr oder weniger Milch verdünnen. Mit Fleur de Sel und Zitronensaft abschmecken. Die Sahne steif schlagen. Die Suppe erhitzen und mit der Sahne aufmixen.

6. Die Einlage in vorgewärmte Suppenteller geben und mit aufgeschäumter Suppe auffüllen. Mit etwas Olivenöl beträufeln. Bei besonderen Anlässen machen sich auch mal 20 g Ossictra Kaviar besonders gut dazu.

Den gegarten Fisch mit einem Schaumlöffel aus dem Sud heben.

Gedämpfter Kabeljau
im Kartoffelsud mit Oliven-Fleur-de-Sel

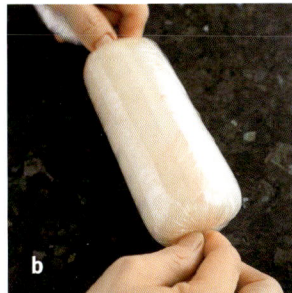
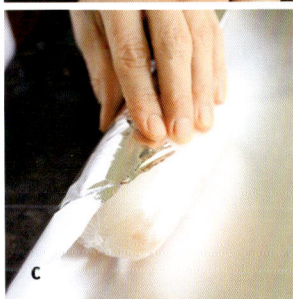

a Die Filets in Klarsichtfolie einrollen;
b zu einer festen Wurst rollen
und die Folie an den Enden
eindrehen.
c Das Ganze in Alufolie wickeln.

Zubereitungszeit 35 Min.
Zutaten für 4 Personen

4 Kabeljaufilets ohne Haut, à 150 g
schwarzes Oliven-Fleur-de-Sel
  (s. Seite 189)

Für den Kartoffelsud
500 g kleine Kartoffeln
  (z. B. la Ratte oder Grenaille)

1/2 l Geflügelbrühe
2 Zweige Majoran
Meersalz, z. B. Fleur de Sel
2 EL Taggiasca-Oliven
4 EL bestes Olivenöl
schwarzer Pfeffer
2 EL Pinienkerne

1. Die Kabeljaufilets kalt abbrausen und trockentupfen. Die Filets ungesalzen einzeln in Klarsichtfolie einrollen, diese Röllchen dann in Alufolie wickeln. Wichtig: Die Rollen müssen fest sein, damit sie später ihre Form behalten. Im vorgeheizten Dampfgarer bei 80° 10–12 Min. dämpfen. (Oder bei 80° im Wasserbad 10–12 Min. garen.) Der Kabeljau soll im Kern noch glasig sein.

2. Für den Kartoffelsud die Kartoffeln waschen, schälen und längs vierteln. Mit der Geflügelbrühe und 1 Majoranzweig in einen Topf geben. Aufkochen lassen, mit Salz würzen und die Kartoffeln darin bissfest garen. Die Kartoffeln im Sud warm halten.

3. Zum Fertigstellen des Kartoffelsuds den Majoran entfernen. Den Kartoffelsud nochmals erhitzen, die Oliven, das Olivenöl und die Blätter von 1 Majoranzweig dazugeben. Mit Salz und Pfeffer abschmecken.

4. Zum Anrichten den Kartoffelsud auf vier vorgewärmte tiefe Teller verteilen. Die Kabeljaurollen mit einem scharfen Messer halbieren und die Enden abschneiden. Vorsichtig die Folie entfernen. Die Rollen von allen Seiten mit schwarzem Oliven-Fleur-de-Sel würzen und auf die Kartoffeln geben. Mit gerösteten Pinienkernen und ein paar abgezupften Majoranblättern garnieren.

Gebratener Kabeljau
mit weißem Spargel und altem Aceto balsamico

Zubereitungszeit
1 Std. bis 1 Std. 15 Min.
Zutaten für 4 Personen

28 Stangen weißer Spargel,
  ca. 1 kg
300 g Butter
Meersalz, z. B. Fleur de Sel
Puderzucker zum Bestäuben
4 Kabeljaufilets an der Haut,
  à 150 g
Olivenöl zum Braten
4 Thymianzweige
schwarzer Pfeffer
1 EL fein geschnittene
  glatte Petersilie
alter Aceto balsamico
  (z. B. von Montebello)

1. Den Backofen auf 200° vorheizen. Den Spargel schälen und nebeneinander auf ein Backblech legen. 125 g Butter erhitzen und über den Spargel gießen. Mit Fleur de Sel und wenig Puderzucker würzen. Mit Alufolie bedecken und im Ofen (Umluft 180°) in 45–60 Min. garen. (Die genauen Zeiten sind hier sehr schwierig anzugeben, deshalb nach 30 Min. den Spargel das erste Mal kontrollieren.) Dann den Spargel herausnehmen und den Ofen auf 140° stellen. Die Butter kann für eine Suppe verwendet werden.

2. Inzwischen die restliche Butter in einen Topf geben und zur Nussbutter bräunen lassen. Durch ein feines Sieb abgießen und warm halten.

3. Die Kabeljaufilets kalt abbrausen und trockentupfen. Das Olivenöl in einer ofenfesten beschichteten Pfanne erhitzen und die Kabeljaufilets auf der Hautseite kross anbraten. Umdrehen, den Thymian dazugeben und den Fisch im Ofen in 3–5 Min. fertig garen – die Haut schützt vor Austrocknung.

4. Den Spargel in einer Pfanne leicht anbraten, so dass er etwas Farbe annimmt. Den Kabeljau von beiden Seiten salzen und pfeffern. Die Spargelstangen auf vier vorgewärmten Tellern anrichten. Die Kabeljaufilets darauf setzen. Die Petersilie in die Nussbutter geben und den Spargel damit großzügig umgießen. Mit etwas altem Aceto balsamico würzen.

Die Fischfilets in einer ofenfesten Pfanne auf der Hautseite anbraten, wenden und im Ofen fertig garen.

POLETTOS KOCHTIPP

Wenn Sie Fisch auf der Haut braten, so bedenken Sie, dass eine höhere Temperatur das Filet nicht krosser werden lässt. Das Gegenteil ist der Fall: Das Filet erhält eine schönere Kruste, wenn es langsamer bei mittlerer Temperatur gegart wird. So verbrennt kein Fett in der Pfanne.

Kleines Schaf
mit großen Vorzügen

LAMM ist geschmackvoll. Nur wenige Fleischarten bringen so viel **Eigenaroma** mit. Lamm ist zart. Kaum ein Fleisch lässt sich so gut und schonend unter weitestgehender Erhaltung des natürlichen Geschmacks verarbeiten. Lamm ist **wohl proportioniert.** So bietet es sich an, auch mal einen ganzen Rücken oder eine ganze Keule zuzubereiten. Lamm lebt artgerecht. Lämmer verbringen ihr kurzes Leben **glücklich auf Deichen** oder im Heidekraut. Kasernierte Massenhaltung gibt es bei Schafen zum Glück nirgends. Wohlschmeckendes Fleisch ließe sich so auch gar nicht produzieren.

1 Lammkeule

2 Beinscheibe

3 Lammrücken

4 Lammfilets

Lamm auf einen Blick

»**Bist Du klamm,** greif nicht zum Lamm«, sagt der Volksmund. Stimmt – gutes Lammfleisch ist nicht ganz billig, zählt aber zu den delikatesten Fleischarten überhaupt.

Geschmacklich gibt es beim Lammfleisch eine große Bandbreite, die hauptsächlich vom Alter der Tiere und von der Art der Nahrungsaufnahme abhängt. Bekannt sind in Deutschland z. B. die Heidelämmer, deren Geschmack durch Heidegras und andere Pflanzen geprägt ist. Im Gegensatz dazu ernähren sich die französischen Pauillac- und die norddeutschen Deichlämmer vor allem von salzigem Küstengras im Deichvorland, was ihnen die Bezeichnung »Pré-Salé-Lamm« oder Salzwiesenlamm eingetragen hat.

Offiziell gibt es in Deutschland nur zwei Kategorien: Lammfleisch für bis zu ein Jahr alte und Schaffleisch für über ein Jahr alte Tiere. Ein Metzger Ihres Vertrauens wird Ihnen aber wesentlich differenzierter Auskunft über sein Lammfleischangebot erteilen können: Milchlammfleisch stammt von Lämmern, die zwischen acht Wochen und sechs Monate alt sind. Solche Lämmer haben in ihrem Leben nie Grünfutter bekommen, ihr Fleisch ist hell und zart. Im Alter zwischen sechs und zwölf Monaten geschlachtete Tiere heißen Mastlämmer –

ihr Fleisch ist lachsfarben oder dunkelrosa, feinfaserig, aromatisch und leicht mit Fett durchzogen. Hammelfleisch heißt das Fleisch von ein bis zwei Jahre alten weiblichen Tieren ohne Nachkommen oder von kastrierten männlichen Tieren. Ihr etwas festeres, aber nicht zähes Fleisch ist dunkelrot, gut marmoriert und kräftiger im Aroma. Das Fleisch von nicht kastrierten Schafböcken und über zwei Jahre alten Schafen spielt auf Grund seiner Konsistenz und seines Geschmacks in der gehobenen Küche keine nennenswerte Rolle.

1 Lammkeule
Sie wird gewöhnlich im Ganzen gebraten oder geschmort, man kann aber auch Teilstücke oder Scheiben verwenden.

2 Beinscheibe
Die Grundzutat für Ossobuco benötigt eine lange Garzeit, wird dann aber wunderbar.

3 Lammrücken
Gut zum Braten und Grillen.

4 Lammfilets
Gut zum Marinieren und Kurzbraten.

POLETTOS LAMMTIPPS

Lamm muss abgehangen sein! Vergewissern Sie sich, dass das Lamm nicht gerade erst geschlachtet wurde, sondern mindestens eine Woche, besser noch etwas länger, abgehangen hat. Dies gilt für alle Fleischteile. Länger abgehangenes Lamm enthält weniger Wasser, ist dadurch zarter und aromatischer. Wenn Sie Lamm grillen wollen: 1–2 Tage in Öl mit etwas Knoblauch und Kräutern eingelegt, entwickelt es seinen Geschmack noch schöner. Außerdem halten sich in Öl eingelegte Filets oder Steaks tagelang frisch. Wichtig für die Zubereitung ganzer Fleischteile wie Keule oder Schultern: Lamm wird besonders zart und saftig beim langsamen Garen bei Niedrigtemperaturen.

Lamm mit Tunfischsauce
Agnello tonnato

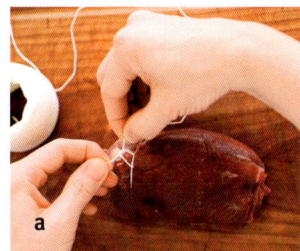

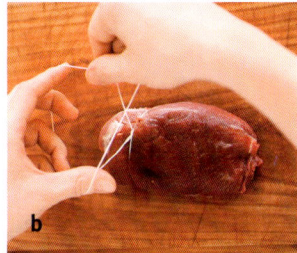

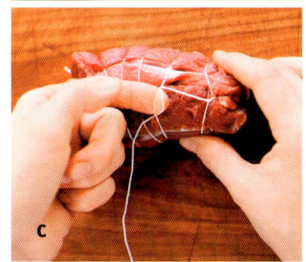

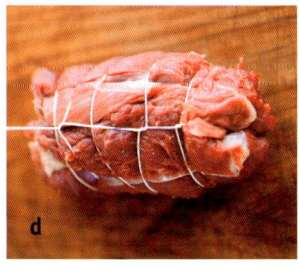

Kühlzeit 3–4 Std.
Zubereitungszeit 40 Min.
Zutaten für 4 Personen

Für die Lammkeule
1 Stück aus der Lammkeule
  ohne Knochen (ca. 400 g)
Salz | schwarzer Pfeffer
Olivenöl zum Braten

Für die Tunfischsauce
2 Eier
1/4 l Rapsöl

120 g bester Tunfisch,
  in Olivenöl eingelegt
1 EL Limettensaft
1 TL kleine Kapern,
  in Meersalz eingelegt
1 Sardellenfilet
Salz | schwarzer Pfeffer
Limettenfilets und Kapernfrüchte
  zum Garnieren

1. Den Backofen auf 120° vorheizen. Die Lammkeule rund binden (s. Step-fotos), dann salzen und pfeffern. In Olivenöl von allen Seiten anbraten und im Ofen ca. 30 Min. garen. Herausnehmen, abkühlen und im Kühlschrank vollständig auskühlen lassen. Die kalte Lammkeule in dünne Scheiben aufschneiden.

2. Für die Tunfischsauce die Eier mit einem Mixstab aufschlagen und dabei langsam das Öl einfließen lassen, so dass eine Mayonnaise entsteht. Den Tunfisch abtropfen lassen, das Sardellenfilet hacken. Beides mit den Kapern vorsichtig in die Mayonnaise mit dem Pürierstab einmixen. Mit Limettensaft, Salz und Pfeffer abschmecken. Die Tunfischsauce durch ein feines Sieb streichen.

3. Zum Anrichten die aufgeschnittene Lammkeule auf vier Tellern verteilen und mit Tunfischsauce, Limettenfilets und Kapernfrüchten garnieren.

a Damit später die Scheiben schön rund sind, wird das Fleisch vor dem Garen gebunden. Das Küchengarn einmal um das Fleisch binden und verknoten.
b Mit den Händen Schlaufen binden und diese in Abständen um das Fleisch legen.
c Zum Schluss den Faden von Schlaufe zu Schlaufe wickeln und festbinden.
d So erhält man ein stabiles Fleischpäckchen.

POLETTOS KOCHTIPP

Füllt man die Tunfischsauce in eine kleine Spritzflasche, kann man sie auf dekorative Art auf dem Agnello tonnato platzieren.

Lammbolognese
Bolognese d'agnello

Zubereitungszeit 1 Std. 15 Min.
Zutaten für 8 Personen

150 g Schalotten

3 Knoblauchzehen

je 100 g Möhren, Fenchel
  und Knollensellerie

2 EL Olivenöl

1 kg Lammhackfleisch

Salz | schwarzer Pfeffer

1 Stück Schwarte vom Parmaschinken (beim Metzger
  nachfragen)

je 1 Zweig Rosmarin,
  Thymian und Salbei

2 Lorbeerblätter

250 g Dosentomaten

1/4 l Rotwein

100 ml roter Portwein

1 EL Pflaumenmus

1 EL alter Aceto balsamico
  (z. B. von Montebello)

50 g Butter

1 EL Thymianblättchen

1 Stück Parmesan zum Reiben

1. Die Schalotten und den Knoblauch schälen und fein würfeln. Das Gemüse küchenfertig vorbereiten und ebenfalls würfeln.

2. Einen Topf erwärmen, das Olivenöl zugießen und das Lammhackfleisch darin von allen Seiten scharf anbraten; mit Salz und Pfeffer würzen. Dann die Schinkenschwarte zugeben und etwas auslassen. Das Gemüse darin anbraten, salzen und pfeffern.

3. Die Kräuter waschen und trockenschütteln. Die Tomaten bei Bedarf entkernen. Tomaten und Kräuter in den Topf geben und mit Rot- und Portwein ablöschen. Mit einem Holzlöffel gut umrühren und dabei die Tomaten zerkleinern. Die Sauce bei schwacher Hitze zugedeckt ca. 1 Std. köcheln lassen; bei Bedarf etwas Wasser zugeben.

4. Die Kräuter herausnehmen, den Sugo mit Pflaumenmus, Aceto balsamico, Salz und Pfeffer abschmecken. Zum Servieren die heiße Bolognese über Pasta (z. B. Spaghetti) geben und 1 großzügiges Stück Butter darauf schmelzen lassen, mit Thymianblättchen garnieren und geriebenen Parmesan dazu reichen.

Für feine Würfel schneidet man das Gemüse erst in Streifen, fasst sie in Bündeln zusammen und schneidet diese in Würfel.

Lammfilets mit Kartoffelgemüse,
Tiroler Speck und Salsa verde

Marinierzeit 12 Std.
Zubereitungszeit 1 Std.
Zutaten für 4 Personen

Für das Lamm und die Kartoffeln
12 Lammfilets
Meersalz, z. B. Fleur de Sel
schwarzer Pfeffer
je 1 Zweig Rosmarin und
 Thymian
650 ml bestes Olivenöl und
 Olivenöl zum Braten
12 fest kochende kleine
 Kartoffeln (z. B. Grenaille
 oder la Ratte)
je 1 rote und gelbe Paprikaschote
2 EL Taggiasca-Oliven
80 g Tiroler Speck in Scheiben
120 ml Lammjus (s. Seite 188)

Für die Salsa verde
2 Sardellenfilets
1 Knoblauchzehe
je 4 EL Schnittlauchröllchen
 und fein geschnittene
 glatte Petersilie
abgeriebene Schale von
 1 Bio-Zitrone
150 ml bestes Olivenöl
Meersalz, z. B. Fleur de Sel
schwarzer Pfeffer
milder Weinessig (z. B. Trockenbeerenauslese Essig von
 Kracher)

1. Die Lammfilets grob würfeln, salzen und pfeffern. Die Kräuter waschen, trockentupfen und grob zerkleinern. Lamm mit den Kräutern in 1/2 l Olivenöl einlegen und über Nacht marinieren. Dann herausnehmen und etwas abtropfen lassen.

2. Für die Salsa verde die Sardellenfilets fein hacken. Den Knoblauch schälen. Sardellen mit Kräutern, Zitronenschale und 150 ml Öl verrühren; die Knoblauchzehe im Ganzen dazugegeben, damit nur ein Hauch davon zu schmecken ist. Die Salsa verde erst kurz vor dem Anrichten mit Salz, Pfeffer und Essig abschmecken – so behält sie lange ihre grüne Farbe.

3. Die Kartoffeln in der Schale gar kochen, abgießen, etwas auskühlen lassen und längs halbieren. Die Paprikaschoten waschen, halbieren und im Backofen bei 200° ca. 15 Min. garen, bis die Haut schwärzlich ist und Blasen wirft.; herausnehmen, häuten und das Fruchtfleisch in Rauten schneiden. Die Oliven entkernen.

4. Kartoffeln und Lamm in Olivenöl anbraten. Den Speck in Streifen schneiden und mitbraten. Paprika und Oliven dazugeben und ebenfalls anbraten. Mit der Lammjus ablöschen, kurz durchschwenken und mit Salz und Pfeffer abschmecken. Auf warmen Tellern anrichten.

5. Die Salsa verde mit Fleur de Sel, Pfeffer und Essig abschmecken und auf das Lammgemüse träufeln.

Die Lammfilets werden wunderbar mürbe, wenn man sie über Nacht in gewürztem Öl mariniert.

Lammrücken
mit gratiniertem Auberginentörtchen

a Auberginen, Tomaten und Zwiebelmischung abwechselnd auf die Kartoffelscheiben schichten.
b So kommt der Lammrücken aus dem Ofen.
c Zum Tranchieren den Lammrücken über die Mitte teilen und vom Rückgrat ablösen.

Zubereitungszeit 1 Std.
Zutaten für 4 Personen

1 Lammrücken (ca. 1,6 kg)
Salz | schwarzer Pfeffer
Olivenöl zum Braten
150 ml Lammjus (s. Seite 188)

Für die Auberginentörtchen
2 kleine Auberginen
Salz | 8 Kirschtomaten

8 getrocknete, in Öl eingelegte
    Tomatenfilets
2 große Kartoffeln
2 Schalotten | 1 Knoblauchzehe
bestes Olivenöl zum Braten
1 EL Thymianblättchen
geriebener Parmesan zum
    Gratinieren

1. Für den Lammrücken den Backofen auf 140° vorheizen. Den Fettdeckel vom Lammrücken mit einer Rasierklinge karoförmig einritzen. Salzen und pfeffern. In Olivenöl von beiden Seiten auf der Fettschicht goldgelb anbraten. Im Ofen (Umluft 140°) in der Fettpfanne 25–30 Min. garen. Am Herdrand ca. 5 Min. ruhen lassen. Dann den Ofen wieder auf Oberhitze anstellen.

2. Für die Törtchen die Auberginen waschen, putzen, quer in nicht zu dünne Scheiben schneiden, salzen und in einem Sieb ca. 30 Min. Wasser ziehen lassen. Die Kirschtomaten waschen und in Scheiben schneiden. Die eingelegten Tomaten hacken. Die Kartoffeln schälen, zu Rechtecken mit Kantenlängen von 8 x 4 cm schneiden und diese dann in ca. 5 mm dicke Scheiben schneiden; die Kartoffelscheiben für ca. 2 Min. in kochendes Salzwasser geben, herausheben und abtropfen lassen.

3. Schalotten und Knoblauch schälen, würfeln, in Olivenöl anschwitzen und mit den gehackten Tomaten und Thymian mischen. Die Lammjus etwas einkochen lassen und mit Salz und Pfeffer würzen.

4. Die Auberginen und Kartoffelscheiben in Olivenöl anbraten. Nun die Auberginen- und Tomatenscheiben dachziegelartig im Wechsel auf die Kartoffelscheiben schichten. Dazwischen immer etwas Schalotten-Knoblauch-Mischung geben. Die Törtchen mit Parmesanspänen bestreuen und im Ofen (Oberhitze) ca. 5 Min. gratinieren.

5. Die Lammrückenfilets vom Knochen lösen und in vier Portionen schneiden. Mit den Törtchen auf Tellern anrichten und mit der Lammjus umgießen.

Lammschulter
in Olivenöl mit Kräutern

Zubereitungszeit 25 Min.

Garzeit 3 Std. 30 Min.

Zutaten für 4 Personen

1 Lammschulter (ca. 1,3 kg)

Salz | Pfeffer aus der Mühle

2 l einfaches Olivenöl

2 Knoblauchknollen

je 1/2 Bund Rosmarin und
   Thymian

Die Lammschulter anbraten und mit Kräutern, Knoblauch und Olivenöl in einen großen Bräter legen.

Das fantastische Aroma kommt von der Mischung aus Olivenöl, Knoblauch, Rosmarin und Thymian.

1. Den Backofen auf 90° vorheizen. Den Fettdeckel der Lammschulter grob abschneiden. Die Keule salzen und pfeffern und in etwas Olivenöl von beiden Seiten kross anbraten.

2. Die Knoblauchknollen halbieren. Die Kräuter waschen und trockentupfen. Das restliche Olivenöl mit den Knoblauchknollen und Kräutern auf ca. 80° erhitzen. Die Lammschulter in einen Bräter geben und mit dem warmen Olivenöl übergießen. Im geschlossenem Bräter in den Ofen schieben und ca. 3 Std. 30 Min. garen. Als Beilage passt perfekt die Bohnenkasserolle von Seite 43!

REMIGIOS WEINTIPP

Zwei, die sich mögen: Lamm und Nebbiolo

Für mich zerfällt die italienische Rotweinwelt in zwei Kategorien: Nebbiolo und der Rest. Gute Nebbiolos, allen voran natürlich die »Klassiker« Barolo und Barbaresco, aber auch die beachtlichen, filigranen Bergweine aus dem Valtellina, sind eine eigene Klasse für sich. Klassisch ausgebaute Nebbiolos bringen viele positive Eigenschaften unter einen Hut: Sie sind kraftvoll und sie haben einen langen mineralischen Nachhall. All das passt hervorragend zu Lamm. In der Regel arbeitet Cornelia bei Lamm mit ausgeprägten Aromen und kräftigen Reduktionen. Und – Lammfleisch bringt ja schon von Haus aus immer eine gewisse Würze mit. Dies in Verbindung mit der spezifischen Würze eines guten Nebbiolos ist von vollendeter Harmonie. Wenn Sie zum Beispiel einen Barolo von einem der klassisch arbeitenden Topwinzer zur Verfügung haben, darf es gerne auch mal ein etwas reiferer Wein sein. Das Alterungspotenzial der Rebe ist beträchtlich und kann manche positive Überraschung bescheren.

Ossobuco vom Lamm
mit Gremolata

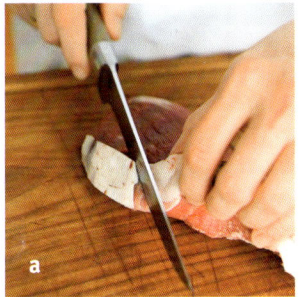

Zubereitungszeit 35 Min.
Garzeit 1 Std. 30 Min.
Zutaten für 6 Personen

6 Lammbeinscheiben in
  2 1/2 cm dicken Scheiben
Salz | schwarzer Pfeffer
Olivenöl zum Braten
je 200 g Möhren, Knollensellerie
  und Schalotten
2 Knoblauchzehen
je 1 Zweig Rosmarin,
  Thymian und Salbei
2 EL Tomatenmark | 200 ml Weißwein
1/2 l dunkler Kalbsfond

Für die Gremolata
2 Knoblauchzehen
2 Sardellenfilets
abgeriebene Schale von je
  1 Bio-Zitrone und -Orange
2 EL weiche Butter
1 EL Mehl
Salz
schwarzer Pfeffer
2 EL gehackte glatte Petersilie
etwas Bio-Zitronenschale

a Die Ränder der Beinscheiben
  leicht einschneiden, damit
  sich das Fleisch beim Braten
  nicht wölbt.
b Das Fleisch gut würzen.
c Die Beinscheiben von beiden
  Seiten anbraten.

1. Den Backofen auf 160° vorheizen. Die Lammbeinscheiben an den Seiten einritzen. Salzen, pfeffern und von beiden Seiten in Olivenöl anbraten.

2. Das Gemüse waschen, putzen und würfeln. Den Knoblauch schälen. Die Kräuter waschen und trockentupfen. Gemüse und Knoblauch im Bräter in Olivenöl anbraten, Kräuter und Tomatenmark dazugeben. Mit dem Wein ablöschen, aufkochen lassen und um die Hälfte einkochen. Dann den Kalbsfond dazugießen und aufkochen lassen. Die angebratenen Lammscheiben auf das Gemüse legen und gegebenenfalls noch mit etwas Wasser auffüllen. Zugedeckt im Ofen (Umluft 140°) 1 Std. 30 Min. garen. Die Lammscheiben und die Gemüsewürfel aus dem Fond nehmen. Den Fond entfetten und aufkochen.

3. Für die Gremolata den Knoblauch schälen und fein würfeln. Die Sardellenfilets fein hacken. Beides mit Zitronen- und Orangenschale, Butter und Mehl mischen. Die Gremolata in den kochenden Schmorfond rühren und 10 Min. köcheln lassen. Die Sauce durch ein feines Sieb abgießen und mit Salz und Pfeffer abschmecken.

4. Die Lammscheiben mit dem Gemüse zurück in den Bräter geben, mit der heißen Sauce übergießen und bei schwacher Hitze erhitzen. Die Beinscheiben auf Tellern anrichten, mit Gemüse und der Sauce übergießen und mit gehackter Petersilie und Zitronenschale garnieren.

Geschmacksnoten
aus der See

MUSCHELN

Faszinierend bei Schaltieren ist die Bandbreite von süß bis salzig. Während man beim **Schlürfen** einer Auster meint, das pure Meer zu schmecken, hat eine Jakobsmuschel eine so feine Süße, dass es mich fast reizt, daraus ein Dessert zu entwickeln. Ein Muschelessen, bei dem man mit den Schalen den Sud löffelt, ist ein kommunikatives Erlebnis. Und: Muscheln geben ihren Geschmack **enorm großzügig** weiter. Bei den klassischen Spaghetti vongole beispielsweise brauchen Sie dazu nur ein wenig Weißwein und Olivenöl. Die **Aromenfülle** kommt aus den Muscheln selbst.

1 Jakobsmuschel

2 Samtmuschel

3 Herzmuscheln

6 Auster

4 Miesmuscheln

5 Venusmuscheln

Austern und Muscheln auf einen Blick

Das Gros der Muscheln oder Austern im Handel stammt heutzutage aus Zuchtanlagen – dies bietet die Gewähr, dass sie in frischem Wasser mit geeigneter Nahrung aufwachsen, zügig transportiert werden und den Verbraucher frisch erreichen. Und dass viele Muschelsorten fast ganzjährig erhältlich sind. Wegen strenger Qualitätskontrollen sind die gesundheitlichen Risiken sehr gering. Dennoch: Frische ist oberstes Gebot. So müssen rohe Muscheln immer geschlossen sein und dürfen sich erst beim Kochen öffnen. Ist das nicht der Fall, sind sie verdorben. Werfen Sie sie unbedingt weg!

1 Jakobsmuschel
Ihr weißes festes Fleisch ist zart und leicht süßlich. Sie gedeiht in Europa hauptsächlich vor Schottland, Irland und Frankreich. Die Hauptfangzeit ist zwischen November und März, in dieser Zeit ist auch der orangefarbene Rogensack (Corail) als eigenständige Delikatesse zu genießen. Ihren klangvollen Namen verdankt sie dem Apostel Jakobus, der als Schutzpatron der Fischer gilt

2 Samtmuschel
Sie lebt in gemäßigten und tropischen Gewässern. Ihr Fleisch kann sehr zäh sein, vor allem bei größeren Exemplaren. Es wird daher oft zerkleinert für Füllungen verwendet.

3 Herzmuscheln
Auch diese überaus anpassungsfähige Familie ist in allen Meeren vertreten. Der hübsche Name kommt von ihrem Profil, das zugeklappt an ein Herz erinnert. Vor allem die Essbare oder Gemeine Herzmuschel ist weit verbreitet und wird an den Küsten Nord- und Westeuropas industriell gefischt. Herzmuschelfleisch wird häufig für die Konservenproduktion verwendet.

4 Miesmuscheln
Die kommerziell gesehen wichtigste Muschelart in unseren Breiten. Hauptproduktionsländer sind Spanien und die Niederlande. Ihr schmackhaftes Fleisch ist ein hochwertiges Nahrungsmittel und enthält viele Mineralsalze, Eisen, die Vitamine A, B, C, D und viel Eiweiß. Miesmuscheln lassen sich unkompliziert züchten, wachsen schnell, vermehren sich rege und sind dadurch recht preisgünstig.

5 Venusmuscheln
Eine mit über 500 Varianten besonders artenreiche Sippschaft. Sie findet man in allen Meeren und an allen Küsten. Zu den verbreitetsten Sorten zählt die Raue Venusmuschel (»baby clam«), die an sandigen Küsten Westeuropas und im Mittelmeer gedeiht. Besonders delikat ist die Strahlige Venusmuschel (italienisch »vongola«), eine der kleinsten Arten, die insbesondere aus der italienischen Küche nicht wegzudenken ist.

6 Austern
Im Gegensatz zu den Muscheln ist die Zucht der kapriziösen Auster deutlich zeitaufwändiger und arbeitsintensiver. Es dauert drei bis vier Jahre und erfordert rund 35 verschiedene Arbeitsgänge, bis eine Auster genossen werden kann. Dementsprechend teuer sind sie. Saison haben die Austern in Europa von September bis April.
Es gibt große Geschmacks- und Qualitätsunterschiede. Als besonders edel gilt die milde Europäische Auster, deren Bestände in den letzten Jahrzehnten durch eine Krankheit stark dezimiert wurden. Am bedeutendsten ist mittlerweile die Pazifische Felsenauster. Ihre Schale ist stärker gewölbt als die ihrer europäischen Verwandten, sie ist resistent gegen Krankheiten und vom Fleisch her sehr ergiebig, im Geschmack aber nicht ganz so fein.

a

b

e

f

c

d

g

Muscheln öffnen

a **Jakobsmuscheln:** Flache Seite nach oben drehen. Den Schließmuskel in der Muschel durchtrennen.

b Obere Schale entfernen. Fleisch rundum ablösen.

c Graues äußeres Fleisch vom weißen abziehen.

d Links der Corail (Rogen), unten der weiße Muskel und rechts das Fleisch vom Rand.

e/f **Austern:** Die Auster mit der gewölbten Seite nach unten festhalten und am sog. Scharnier einstechen – die Schale an den Seiten splittert leicht.

g Den oberen und den unteren Muskel durchtrennen und die ungenießbaren Kiemen entfernen – so können Sie die obere flache Schalenhälfte abnehmen und die Auster im Ganzen schlürfen.

Nach dem Öffnen läuft die untere Schale voll Austernwasser. Gießen Sie dieses – mit möglichen Splittern und Schalenkrümeln – weg oder durch ein feines Sieb ab. Bei einer frischen Auster läuft nochmals Meerwasser nach. Dies können Sie dann mit dem Austernfleisch zusammen splitterfrei wegschlürfen.

Miesmuscheln
mit zweierlei Saucen

Zubereitungszeit 1 Std. 15 Min.
Zutaten für 6 Personen

Für die Muscheln

2 kg Miesmuscheln
2 Chilischoten
1 ganze junge Knoblauchknolle
4 Schalotten
80 ml bestes Olivenöl
4 Zweige Thymian
1 EL weiße Pfefferkörner
1/2 l trockener Weißwein
je 2 EL fein geschnittene Petersilie und Koriandergrün

Für die Anchovis-Senf-Mayonnaise

1 Knoblauchzehe
2 Anchovisfilets in Öl
2 ganz frische Bio-Eier
1 TL Dijonsenf
Salz | 170 ml Rapsöl
70 ml bestes Olivenöl
schwarzer Pfeffer
Zitronensaft zum Abschmecken

Für die Orangen-Koriander-Vinaigrette

200 ml frisch gepresster
   Orangensaft
Salz | 80 ml bestes Olivenöl
Korianderblätter (Menge
   nach Belieben)

1. Die Muscheln gründlich putzen, d. h., den Bart entfernen und abbürsten. Die Chilis grob hacken. Muscheln mit Chilis in Wasser legen und mindestens 1 Std. unter fließendem Wasser wässern. Immer wieder mit den Händen durchwalken und gegeneinander reiben, so entfernen sich Kalk- und Sandablagerungen. Geöffnete Muscheln, die an der Wasseroberfläche schwimmen, wegwerfen. Muscheln abtropfen lassen.

2. Während die Muscheln wässern, für die Mayonnaise den Knoblauch schälen und in Scheiben schneiden. Anchovis hacken. Eier mit Anchovis, Knoblauch, Senf und 1 Prise Salz in einem Rührbecher einmal durchmixen, dann langsam beide Öle einlaufen lassen. Die Mayonnaise mit Salz, Pfeffer und etwas Zitronensaft abschmecken.

3. Für die Vinaigrette den Orangensaft durch ein feines Sieb in einen Topf abgießen und auf ca. 70 ml einkochen lassen. Mit etwas Salz abschmecken und das Olivenöl einrühren. Den Koriander fein schneiden und kurz vor dem Servieren hineingeben.

4. Für die Muscheln die Knoblauchknolle halbieren. Schalotten schälen und fein schneiden. Einen großen Topf stark erhitzen, Olivenöl mit Knoblauch, Schalotten, Thymianzweigen und Pfeffer dazugeben, mit Wein ablöschen und zugedeckt unter gelegentlichem Rühren in 3–4 Min. gar ziehen lassen.

5. Die Muscheln durch ein feines Sieb abgießen, dabei den Sud auffangen. Muscheln warm stellen. Den Sud um die Hälfte einkochen, über die Muscheln gießen und diese mit der Petersilie und Koriander bestreuen. Sofort mit den beiden Saucen servieren.

Lauwarmer Muschelsalat
mit gegrillten Zucchini

Zubereitungszeit 1 Std. 30 Min.
Zutaten für 4 Personen

800 g–1 kg verschiedene
  Muscheln in Schale
  (z. B. Venus-, Mies- oder
  Bouchotmuscheln, Herz-
  oder Schwertmuscheln)
4 Jakobsmuscheln in der Schale
4 kleine Zucchini
1 Schalotte
4 Knoblauchzehen
3 Strauchtomaten
3 EL Olivenöl zum Braten
  und Grillen
100 ml bestes Olivenöl
4 Thymianzweige
100 ml Weißwein
1 EL fein geschnittene Thymianblättchen
2 EL fein geschnittene glatte
  Petersilie
2 EL schwarze Oliven ohne Kern
  im eigenen Öl, in Streifen
  geschnitten (am liebsten
  Taggiasca)
Meersalz, z. B. Fleur de Sel
schwarzer Pfeffer
Zitronensaft zum Abschmecken
Friséesalatblätter zum Ausgarnieren

1. Die Muscheln säubern, waschen (s. Seite 137) und abtropfen lassen. Die Jakobsmuscheln ausbrechen (s. Seite 134/135).

2. Die Zucchini waschen, von den Enden befreien und mit dem Gemüsehobel längs in nicht zu dünne Scheiben hobeln. Schalotte schälen und grob würfeln. Knoblauch schälen und zerdrücken. Tomaten überbrühen, häuten, entkernen und in Streifen schneiden.

3. Für die Muscheln einen Topf erhitzen, 2 EL Olivenöl, Knoblauch, Schalotte und Thymianzweige hineingeben. Miesmuscheln in den Topf geben und mit 100 ml Wein ablöschen, zugedeckt garen. Nach 3 Min. die kleineren Muscheln dazugeben und noch ca. 5 Min. unter gelegentlichem Rühren garen, bis sich alle Muscheln komplett geöffnet haben. Die Muscheln durch ein Sieb abgießen (geschlossene wegwerfen), den Sud auffangen und um die Hälfte einkochen lassen. Gleichzeitig die Zucchini auf dem Grill oder in einer leicht geölten Grillpfanne grillen.

4. Muschelsud mit Thymian, Petersilie, Oliven, Fleur de Sel, Pfeffer und 100 ml Olivenöl verrühren. Mit 1 Spritzer Zitronensaft abschmecken.

5. Die Jakobsmuscheln mit einem Buntmesser halbieren und in einer beschichteten Pfanne im restlichen Olivenöl auf der geriffelten Seite anbraten, umdrehen, kurz ziehen lassen und mit Fleur de Sel würzen.

6. Die Zucchini auf Tellern anrichten, die Jakobsmuscheln darauf setzen, die Vinaigrette in einer Pfanne mit den restlichen Muscheln und Tomatenstreifen lauwarm erhitzen und auf die Teller verteilen. Mit Frisée ausgarnieren.

POLETTOS KOCHTIPP

Dieses Rezept lässt sich auch gut mit Spaghetti durchgeschwenkt in ein wunderbares Nudelgericht umwandeln. Dazu lässt man die Friséesalatblätter weg.

Gebackene Austern
mit Kartoffel-Brunnenkresse-Salat

Zubereitungszeit 1 Std. 15 Min.
Zutaten für 4 Personen

12–20 Austern in Schale,
   je nach Größe
50 g Mehl | 2 Eier
4 Scheiben Toastbrot
ca. 1/2 l Öl zum Frittieren

Für den Kartoffelsalat
600 g fest kochende kleine
   Kartoffeln (z. B. la Ratte)
Meersalz, z. B. Fleur de Sel
4 dünne Scheiben durch-
   wachsener Speck
1 TL Öl
1 Schalotte
100 ml Geflügelbrühe
1 TL Dijonsenf
50 ml Sherryessig
Salz | schwarzer Pfeffer
200 ml Rapsöl
1 kleine Gärtnergurke
reichlich Brunnenkresse
2 EL Schnittlauchröllchen

1. Für den Kartoffelsalat die Kartoffeln waschen und mit Schale in Salzwasser kochen. Inzwischen den Speck würfeln und in einer beschichteten Pfanne mit dem Öl ausbraten. Die Schalotte schälen, würfeln, dazugeben und glasig anschwitzen. Die Mischung durch ein feines Sieb abgießen und auskühlen lassen.

2. Die gekochten Kartoffeln abgießen und etwas ausdämpfen lassen. Lauwarm schälen und in Scheiben schneiden. Die Brühe in einem Topf aufkochen lassen, in eine Schüssel gießen und mit Dijonsenf, Sherryessig, Salz, Pfeffer und Öl verrühren. Die Speckmischung auf die Kartoffeln geben und alles mit dem warmen Dressing übergießen. Vorsichtig mischen und mindestens 30 Min. durchziehen lassen.

3. Inzwischen die Gurke waschen, schälen, entkernen und in Scheiben schneiden. Leicht salzen und in einer Schüssel Wasser ziehen lassen. Die Kresse von den Blättern zupfen und in kaltes Wasser einlegen.

4. Die Austern öffnen und putzen (siehe S. 134/135), dabei das Austernwasser auffangen und durch ein feines Sieb gießen. Die Austern auf Küchenpapier trockentupfen. In separate Teller das Mehl geben, die Eier verquirlen. Das Toastbrot entrinden und fein reiben, ebenfalls in einen Teller geben. Nach und nach die Austern in Mehl, Ei und Bröseln panieren. Das Öl zum Frittieren auf ca. 170° erhitzen und die Austern darin 3 Min. ausbacken.

5. Den lauwarmen Kartoffelsalat mit etwas Austernwasser und Pfeffer abschmecken, Gurke, Schnittlauch und Brunnenkresse unterheben und den Salat auf Tellern anrichten. Mit den gebackenen Austern garnieren.

POLETTOS AUSTERNTIPP

Austernsorten: »Klassische« europäische Austern erhalten Sie aus Frankreich (Belons, Marennes, Gravettes d'Arcachon), Belgien (Ostendes), Holland (Imperials), Dänemark (Limfjords), Irland (Red Banks, Rossmoie, Galway) und England (Colchester, Helford, Pyefleet und Whitstable). Als etwas weniger edel gilt die Portugiesische oder Felsenauster.

In Frankreich werden Austern oft in »Claires« gemästet, das sind flache Becken mit weniger salzigem, aber sehr planktonreichem Wasser. Hier erlangen sie in 10–12 Monaten ihren typischen Geschmack und optimale Qualität. Sie heißen dann »Fines de Claires«. Berühmt sind die fein-nussigen, zartgrünen »Marennes«; deren Farbe kommt von einer kupferhaltigen Alge.

Spaghetti
mit pochierten Austern

Zubereitungszeit 30 Min.
Zutaten für 4 Personen

12 Austern (am liebsten
   eine flache Austernsorte,
   z. B. Fines de Claires;
   sie sind weniger salzig)
1 Schalotte
75 g kalte Butter
100 ml Weißwein
50 ml Noilly Prat
1/4 l Fischfond
4 EL Crème fraîche
Meersalz, z. B. Fleur de Sel
schwarzer Pfeffer
240 g Spaghetti
4 EL Schnittlauchröllchen
1 EL Keta-Kaviar
   (Forellenkaviar)

1. Die Austern öffnen und putzen, dabei das Austernwasser auffangen und durch ein feines Sieb gießen (s. Seite 134/135).

2. Die Schalotte schälen und in feine Würfel schneiden. 1 EL Butter in einem Topf erhitzen und die Schalotte darin glasig anschwitzen. Weißwein und Noilly Prat angießen und um zwei Drittel einkochen. Den Fischfond und 50 ml Austernwasser aufgießen und um die Hälfte einkochen. Dann die Crème fraîche einrühren, die restliche kalte Butter würfeln und einmontieren. Mit Salz und Pfeffer abschmecken.

3. Während der Austernfond einkocht, die Spaghetti in reichlich kochendem Salzwasser al dente garen. Etwas Austernfond abnehmen, auf ca. 80° erhitzen. Die Austern darin kurz darin ziehen lassen, bis sie steif in der Konsistenz sind.

4. Die Spaghetti abgießen und mit dem restlichen Austernfond und dem Schnittlauch durchschwenken. Abschmecken und in vorgewärmten Teller anrichten. Die Austern auf die Spaghetti geben und sofort servieren. Nach Belieben noch etwas Keta-Kaviar auf die Muscheln setzen.

REMIGIOS WEINTIPP

Drei, die sich mögen: Muscheln, Austern und Sauvignon blanc. Auch bei der Rebsorte Sauvignon bin ich ein großer Freund der absoluten Klassiker. Zwar gibt es mittlerweile bemerkenswerte Sauvignons aus Südtirol, dem Friaul, der Steiermark, aus Neuseeland und sogar aus Deutschland. Aber das Maß aller Dinge sind immer noch die besten Sancerres, Pouilly-Fumés oder Ménétou-Salons von den Feuersteinböden der Loire. Hier hat die Rebsorte Sauvignon auch eine besonders lange Tradition, so dass es viele sehr alte Rebstöcke gibt. Deren Wurzeln gehen tiefer ins Gestein und das verleiht den Weinen mehr komplexe mineralische Länge. Diese – im Idealfall sogar leicht salzig schmeckenden – Sauvignons harmonieren wunderbar mit den meisten Muschelgerichten, die ja in der Regel leicht und animierend sind und auf Weißweinbasis zubereitet werden. Und eine frische Auster »naturel« mit einem knackigen Sancerre – das ist einfach perfekt!

Tomatenrisotto
mit Jakobsmuscheln

Zubereitungszeit 45 Min.
Zutaten für 4 Personen

Für die Jakobsmuscheln
8 Jakobsmuscheln
Olivenöl zum Braten

Für das Tomatenrisotto
1 Schalotte
1 Knoblauchzehe
2 Tomaten
1/2 l klarer Tomatenfond (s. Tipp)
200 ml Geflügelbrühe
2 EL bestes Olivenöl
Meersalz, z. B. Fleur de Sel
Zucker
200 g Risottoreis (ich bevor-
    zuge Carnaroli-Reis)
50 ml Weißwein
1 Bund Frühlingslauch
8 getrocknete, in Öl eingelegte
    Tomatenfilets
8 Filets von Ofentomaten
    (s. Seite 175)
4 Zweige Estragon
schwarzer Pfeffer
1 EL Butter
40 g geriebener Parmesan
Peperoncini nach Geschmack,
    fein gehackt

1. Die Jakobsmuscheln aus der Schale brechen (oder den Fischhändler darum bitten), den Corail vom Muschelfleisch trennen und dieses wässern.

2. Für das Risotto Schalotte und Knoblauch schälen und fein würfeln. Die Tomaten überbrühen, schälen, entkernen und das Fruchtfleisch würfeln. Tomatenfond und Geflügelbrühe in einem Topf aufkochen lassen.

3. Das Olivenöl in einer Kasserolle erhitzen und Schalotte und Knoblauch darin glasig anschwitzen. Die Tomatenwürfel dazugeben, mit etwas Fleur de Sel und Zucker würzen. Den Reis ungewaschen dazugeben und mit anschwitzen. Mit Wein ablöschen und etwas einkochen lassen.

4. Dann das Risotto mit dem heißen Tomatenfond bedecken und die Flüssigkeit unter gelegentlichem Rühren einkochen lassen. Diesen Vorgang wiederholen, bis die gesamte Flüssigkeit nahezu eingekocht und das Risotto al dente ist.

5. Den Frühlingslauch putzen, waschen und schräg in Scheiben schneiden; die letzten 5 Min. im Risotto mitkochen lassen.

6. Die getrockneten Tomatenfilets und die Ofentomaten in Streifen schneiden. Das Estragon waschen, trockentupfen, die Blätter fein schneiden. Das Risotto vom Herd nehmen und mit den Tomatenstreifen, Estragon, Fleur de Sel, Pfeffer, Butter und Parmesan abschmecken. Peperoncini nach Geschmack dazugeben.

7. Die Jakobsmuscheln mit einem Buntmesser halbieren. In einer beschichteten Pfanne in wenig Olivenöl bei mittlerer Hitze auf der geriffelten Seite goldgelb anbraten, umdrehen und noch 2 Min. in der Pfanne ziehen lassen.

8. Das Tomatenrisotto auf vorgewärmten Tellern anrichten. Die Jakobsmuscheln auf das Risotto setzen. Mit Estragonspitzen ausgarnieren.

POLETTOS KOCHTIPP

Tomatenfond lasst sich ganz einfach aus reifen Tomaten zubereiten. Hierfür Tomaten waschen, pürieren, leicht salzen und mit 2 Basilikumzweigen in einem sauberen Leinentuch kühl stellen. Über Nacht abtropfen lassen.

Risotto zubereiten

a Den Reis mit Tomatenwürfeln anschwitzen und mit Wein ablöschen.

b Risotto immer wieder mit Brühe aufgießen und einkochen lassen. Am Schluss Lauch mitkochen und dann die getrockneten Tomaten dazugeben.

c Alles gut verrühren.

d Butterstückchen auf das Risotto legen und unterrühren.

e Das Risotto mit geriebenem Parmesan und

f Estragon abschmecken.

g Die halbierten Jakobsmuscheln goldgelb anbraten.

Loup de mer mit Venusmuscheln
und Fenchel in Pergament

Zubereitungszeit 1 Std. 15 Min.
Zutaten für 4 Personen

3–4 Fenchelknollen
70 ml Olivenöl
1 EL getrocknete Fenchelsamen
Salz | 150 ml Weißwein
1/2 l Fischfond
Meersalz, z. B. Fleur de Sel
2 Knoblauchzehen
200 g Venusmuscheln
2 Zweige Thymian
5 Strauchtomaten
1 Bio-Zitrone
4 Filets vom Loup de mer
   an der Haut à 150 g
   (ersatzweise Dorade royale)
schwarzer Pfeffer
2 EL halbierte schwarze Oliven
   (z. B. Taggiasca)
bestes Olivenöl zum Beträufeln
2 EL fein geschnittene glatte
   Petersilie
1 EL Thymianblättchen

1. Den Fenchel waschen. Den Strunk herausschneiden, die Spitzen abschneiden. Den Fenchel mit einem Gemüsehobel in Scheiben schneiden. Die schönsten Scheiben beiseite stellen. Alle anderen Fenchelabschnitte in 50 ml Olivenöl anschwitzen, die Fenchelsamen dazugeben und leicht salzen. Mit 100 ml Weißwein ablöschen und um die Hälfte einkochen lassen.

2. Den Fischfond angießen und bei mittlerer Hitze ca. 20 Min. köcheln lassen. Die Fenchelabschnitte durch ein Sieb gießen und dabei den Fond auffangen. Den Fenchelfond in einen Topf geben, aufkochen, mit Fleur de Sel abschmecken und die Fenchelscheiben darin 10 Min. garen.

3. Backofen auf 180° (Umluft 160°) vorheizen. Den Knoblauch schälen und zerdrücken. Die Venusmuscheln unter fließendem Wasser waschen (s. Seite 137). Einen Topf erhitzen, das restliche Olivenöl, Knoblauch, Thymian und Muscheln hineingeben. Einmal durchrühren und mit 50 ml Weißwein ablöschen. Zugedeckt nur so lange garen, bis sich die Muscheln gerade öffnen. Die Muscheln durch ein Sieb abgießen, geschlossene wegwerfen.

4. Die Tomaten einritzen, überbrühen, häuten, vierteln und entkernen. Die Zitrone waschen und in Scheiben schneiden. Die Fischfilets salzen und pfeffern. Die Fenchelscheiben auf vier Blätter Pergament- oder Backpapier verteilen, die Fischfilets darauf legen. Tomatenfilets, Zitrone, Oliven und Muscheln um das Fischfilet verteilen. Am Schluss mit etwas Fenchelsud, Olivenöl, Kräutern und Pfeffer abrunden. Das Pergamentpapier zusammenfalten und fest verschließen. Im Ofen ca. 10 Min. garen.

5. Die Päckchen aus dem Ofen nehmen, die Pergamenthülle öffnen und das Gericht sofort servieren.

Sündig süßer
Musenkuss

SCHOKOLADE macht glücklich! Ein gutes Stück Schokolade wirkt in schlechten Phasen oft Wunder. Und sie ist einfach **köstlich!** Ein gutes Dessert ohne Schokolade ist für mich kaum vorstellbar. Und man kann so viel aus ihr machen: einen cremig schmelzenden **Schokoladenkern** in einem warmen Gugelhupf, eine mächtige Torte mediterraner Prägung oder pikant gewürzte Kügelchen in einem Grießknödel. In jedem Ambiente stellt sich die **Dessertkönigin** wieder anders dar. Weniger bekannt, dafür umso spannender, ist Schokolade als Geschmackselement in der **salzig-herzhaften** Küche.

2 Milchschokolade

3 Xocopilikugeln

4 Kuvertüre

1 Kakaopulver

5 Weiße Schokolade

Schokolade auf einen Blick

Die Vielfalt edler Schokoladensorten, die es heute gibt, und der Kult, der darum betrieben wird, stehen der des Weines kaum nach. Auch bei Schokolade gibt es Qualitätsunterschiede. Allein vom Kakaoanteil können aber noch keine Rückschlüsse auf die Qualität gezogen werden – er gibt allenfalls Auskunft über den Bitterkeitsgrad: je geringer der Kakaoanteil, desto mehr dominiert die Süße. Ausschlaggebend für gute Qualität sind vielmehr die Art und Güte der Rohmaterialien sowie die Sorgfalt in der Weiterverarbeitung (z. B. wie der Fermentations- und Trocknungsprozess der Kakaobohnen eingeleitet wird und wie langsam sich das vollzieht). Zum Kauf empfiehlt sich der Weg ins Süßwarengeschäft oder in eine Konditorei.

Neben Milchschokolade gehört Bitterschokolade in den unterschiedlichsten Bitterstufen zu den begehrtesten Schokoladensorten. Bitterschokolade, mit einem Kakaoanteil von mindestens 48 Prozent Kakaomasse, bei maximal 48 Prozent Zuckerzusatz gibt es in unterschiedlichen Kakaoabstufungen, z. B. bis zu einem Kakaoanteil von 96 Prozent sind möglich. Sie wird allgemein ohne Milchzusatz hergestellt. Häufig wird sie mit Gewürzen wie Chili, Pfeffer, Thymian, Orange oder Vanille versetzt.

1 Kakaopulver
Wird aus fermentierten, getrockneten Kakaobohnen gewonnen. Je langsamer der Trocknungsprozess und je sorgfältiger der Mahlvorgang vonstatten gehen, desto hochwertiger ist das feine Pulver.

2 Milchschokolade
Sie enthält mindestens 22 Prozent Milch oder Milchpulver, dafür aber liegt der Anteil der Kakaomasse zwischen 15 bis 30 Prozent.

3 Xocopilikugeln
Diese gibt es in Konditoreien. Sie haben einen Kakaoanteil von mindestens 72 Prozent und sind mit Gewürzen wie Piment, Paprika, Salz, Kardamom, Curry, Vanille und Zitrusschalen gewürzt.

4 Kuvertüre
Gute Kuvertüre enthält mit bis zu 31 Prozent Kakaobutter viel Fett. So lässt sie sich leicht verarbeiten.

5 Weiße Schokolade
Sie ist eigentlich keine Schokolade, da sie nur Kakaobutter ohne Kakaopulver enthält. Hinzu kommen Milchpulver und Vanille.

REMIGIOS WEINTIPP

Zwei, die sich mögen: Portwein und Schokolade
Zunächst eine kleine Einführung in die Portweinwelt. Grundsätzlich unterscheidet man zwei ganz unterschiedliche Ausbaustile beim Port: über lange Jahre im Fass gereifte Gewächse einerseits und in der Flasche reifende Ports andererseits. Die in Flaschen gereiften Varianten beginnen beim Ruby, die erste respektable Qualitätsstufe sind die LBVs, die so genannten »Late Bottled Vintages« und in der Spitze die Vintage-Ports. (Wenn man in einen vollen, würzigen Vintage Port hineinriecht, dann riecht der schon voll und satt nach Schokolade.) Die traditionelle, über Jahrhunderte dominierende Variante sind die über viele Jahre im Fass gereiften Portweine, beginnend beim Tawny, weiter die über 10, 20, 30 oder gar 40 Jahre im Fass gereiften Ports und hier an der Spitze der Qualitätspyramide die Colheita-Ports mit Jahrgangsangabe. Aber zu schokoladigen Desserts empfehle ich doch eher einen guten Colheita-Port. Erstens sind durch die lange Holzfasslagerung die Tannine weitgehend abgebaut und kollidieren so nicht mit der Süße. Und zweitens hat der Colheita ja seine gesamte Oxidation im Fass hinter sich gebracht und präsentiert sich als »fertiges« Produkt. Großer Vorteil für Sie: Einen Colheita können Sie einen Monat lang angebrochen stehen lassen, ohne dass er an Geschmack verliert. Ein Vintage dagegen sollte innerhalb von zwei Tagen geleert werden.

Schokoladenpudding
Paolas Liebling

a Viele Eier für einen wunder-
  baren Pudding!
b Die heiße Sahne-Milch wird
  mit Eigelben und Zucker über
  dem Wasserbad gerührt.
c Paola liebt ihn!

Zubereitungszeit 40 Min.

Kühlzeit 3 Std.

Zutaten für 6–8 Personen

1/4 l Milch
600 g Sahne
5 Eigelbe (ca. 100 g)
50 g Zucker | 8 Blatt Gelatine
350 g dunkle Schokolade
  (Kakaogehalt 72 %)

Für die Vanillesauce
1 Vanilleschote | 250 g Sahne oder Milch
5 Eigelbe (ca. 100 g) | 50 g Zucker

Außerdem
6–8 Puddingförmchen à 125 ml Inhalt

1. Milch und 250 g Sahne aufkochen. Die Eigelbe in eine Metallschüssel aufschlagen, den Zucker darüber streuen und die heiße Sahnemilch einrühren.
Die Eigelbmasse über einem Wasserbad bei 84–86° zur »Rose abziehen«
(s. Tipp), dann durch ein feines Sieb streichen.

2. Die Gelatineblätter in kaltem Wasser einweichen. Die Schokolade fein hacken
und schmelzen. Gelatine ausdrücken und in die warme Eigelbmasse einrühren,
diese nach und nach in die Schokolade rühren. Auf 35–40° abkühlen lassen.
350 g Sahne steif schlagen, vorsichtig unterheben. Die Förmchen kalt ausspülen
und die Masse einfüllen. Mit Folie abgedeckt 3 Std. kalt stellen.

3. Die Vanilleschote längs aufschlitzen, das Mark auskratzen und mit der Sahne
oder Milch aufkochen. Die Eigelbe in einer Schüssel mit dem Zucker bestreuen
und die heiße Sahne oder Milch einrühren. Die Eigelbmasse über einem Wasserbad zur »Rose abziehen«, dann durch ein feines Sieb streichen. Abkühlen lassen
und gegebenenfalls mit etwas Milch verdünnen.

4. Die Förmchen zum Stürzen kurz in heißes Wasser tauchen und die Puddings
mit Vanillesauce servieren.

POLETTOS KOCHTIPP

»Rose« beschreibt die Konsistenz einer Creme, die mit Eigelb gebunden wird. Eigelbe werden
dafür mit Milch oder Sahne unter Rühren auf dem Wasserbad erhitzt, bis eine Bindung entsteht. Zur Probe taucht man einen Holzlöffel kurz in die Creme und pustet auf die anhaftende
Creme. Fließt sie »rosenartig« auseinander und erstarrt so, ist die richtige Konsistenz erreicht.

Schokoladen-Mandel-Parfait
mit Herzkirschen-Kompott

Zubereitungszeit 1 Std. 10 Min.
Gefrierzeit 5–6 Std.
Zutaten für 4 Personen

Für das Parfait (ca. 1 l)
30 g Nougat
50 g Zartbitterkuvertüre, 72 %
200 g Schokoladenmandeln
  (in Schokolade getauchte
  Mandeln)
1 Vanilleschote
10 Eigelbe
170 g Zucker
je 30 ml Rum und Baileys
700 g Sahne

Für das Herzkirschen-Kompott
300 g Herzkirschen
100 g Zucker
100 ml Rotwein
50 ml Portwein
2 cl Kirschwasser
1/2 Vanilleschote
1/2 Stück Zimtstange
50 ml Cassislikör
2 EL Speisestärke
100 ml Kirschsaft

Außerdem
1 Parfaitform von 1 l Inhalt

1. Für das Parfait Nougat und Kuvertüre separat in kleine Stückchen hacken und über einem Wasserbad schmelzen. Die Schokomandeln in einer Küchenmaschine fein mahlen. Die Vanilleschote längs aufschlitzen und das Mark auskratzen.

2. Die Eigelbe in eine runde Schüssel geben und mit 50 g Zucker und dem Vanillemark schaumig aufschlagen.

3. Den restlichen Zucker mit 50 ml kaltem Wasser verrühren und langsam mit dem Zuckerthermometer auf 121° (s. Seite 189) erhitzen. Den Sirup schnell in die Eigelbmasse geben und kräftig einrühren. Auf ca. 36° abkühlen lassen und Nougat, Kuvertüre und Schokomandeln einrühren. Die Masse über Eiswürfeln kalt schlagen; dann den Alkohol dazugeben.

4. Die Sahne nicht zu steif aufschlagen. Ein Drittel glatt in die Masse mischen, den Rest in zwei Schritten vorsichtig unterheben. Die Parfaitform mit kaltem Wasser ausspülen und mit Klarsichtfolie auslegen. Die Folie glatt ziehen und die Parfaitmasse einfüllen. Mindestens 5–6 Std. im Tiefkühlfach gefrieren lassen.

5. Die Kirschen waschen und entsteinen. Den Zucker in einem Topf goldgelb karamellisieren. Mit Rotwein, Portwein und Kirschwasser ablöschen. Vanille-schote und Zimtstange dazugeben, alles aufkochen und ca. um ein Drittel reduzieren. Die Zimtstange und Vanilleschote herausnehmen und den Cassis dazugießen. Die Kirschen dazugeben und alles noch einmal aufkochen lassen.

6. Speisestärke mit Kirschsaft anrühren und in die Kirschen rühren. Nochmals 2–3 Min. kochen lassen, dann in einer Schüssel auskühlen lassen.

7. Etwas Herzkirschen-Kompott auf die Teller geben, das Parfait aus der Form stürzen, in Scheiben schneiden und je 1 Scheibe auf die Kirschen geben.

POLETTOS KOCHTIPP

Die Verarbeitung von Schokolade steht und fällt mit der richtigen Temperatur. Deshalb benötigen Sie ein Küchenthermometer. Schmelzen Sie Schokolade immer, klein gehackt, bei geringer Hitze (das sind so zwischen 40 und 45°) über einem Wasserbad. Niemals sollte sie mit der Wärmequelle direkt in Berührung kommen, da sie sehr leicht verbrennt. Will man sie für einen Überzug weiterverarbeiten, dann muss Schokolade temperiert werden, d. h., in die gewünschte Kristallform gebracht werden; darunter versteht man u. a. Glanz, Bruchfestigkeit, Schmelz im Geschmack und eine schöne Farbe. Da sich die Kristalle der Schokolade bei ca. 35° auflösen und während des Abkühlens wieder aufbauen, bringt man die Schokolade durch »bewegtes Abkühlen« in die gewünschte Konsistenz (s. Tipp Seite 167).

Orangen-Vollmilch-Mousse
mit Orangenlikör

Zubereitungszeit 40 Min.
Kühlzeit 4–5 Std.
Zutaten für 6–8 Personen

250 g Vollmilch-Orangen-
kuvertüre (z. B. von Valrhona)
1 Ei | 1 Eigelbe
25 ml Grand Marnier
2 Blatt Gelatine
600 g Sahne

1. Die Kuvertüre in kleine Stückchen hacken und über dem Wasserbad bei ca. 45° in einer Metallschüssel schmelzen lassen.

2. Ei und Eigelb in eine Metallschüssel geben und über dem Wasserbad bei ca. 80° weiß-schaumig aufschlagen. Die geschmolzene Schokolade langsam in die Eimasse einrühren, den Grand Marnier dazugießen und alles glatt miteinander verrühren.

3. Gelatineblätter in kaltem Wasser einweichen, ausdrücken und in der Schokoladenmasse auflösen. Die Schokoladenmasse handwarm auskühlen lassen.

4. Die Sahne halbfest aufschlagen und vorsichtig unter die Schokoladenmasse heben. Die fertige Masse in eine passende Schüssel oder Form mit einer Füllhöhe von ca. 5 cm füllen. Mit Klarsichtfolie abdecken und mindestens 4–5 Std. kalt stellen.

5. Zum Anrichten einen spitzen Esslöffel (Nockenlöffel) in heißes Wasser tauchen. Die Nocken aus der Masse abstechen und auf Tellern anrichten.
Dazu passen perfekt Orange und Clementine, einfach mit ihrem eigenen Saft abgebunden und mit etwas Orangenlikör abgeschmeckt.

POLETTOS KOCHTIPP

Reichen Sie dazu kandierte Orangenzesten: 2 aromatische Bio-Orangen waschen und feine Streifen mit dem Zestenreißer aus der Schale schneiden. Aus 125 g Zucker und 125 ml Wasser einen Läuterzucker kochen. Die Orangenzesten hineingeben, aufkochen lassen und die Zesten in dem Zucker auskühlen lassen.

Für Zesten von gewaschenen Zitrusfrüchten schmale Streifen mit dem Zestenreißer abziehen.

Cornado-Torte
Boden und Füllung

Zubereitungszeit 1 Std. 40 Min.
Zeit zum Durchziehen 24 Std.
Zutaten für eine Torte von 20 cm Ø

Für die Böden
45 g Butter
1 Bio-Zitrone
6 Eigelbe (ca. 120 g)
1 Prise Salz
1 Prise Zimtpulver
8 Eiweiße (240 g)
120 g Zucker
70 g Weizenmehl (Type 550)
40 g Kakaopulver
90 g Mandelgrieß

Für die Füllung
180 g dunkle Kuvertüre
   (z. B. Guanaja von Valrhona)
160 g Sahne
40 g Butter

1. Für die Böden die Butter schmelzen. Den Backofen auf 180° (Umluft 160°) vorheizen. Backbleche mit Backpapier auslegen. Die Zitrone abwaschen und mit einer feinen Reibe die obere gelbe Schale abreiben. Die Eigelbe mit der Zitronenschale, Salz und Zimt in einer runden Metallschüssel schaumig aufschlagen.

2. Die Eiweiße in eine weitere Metallschüssel geben und zu einem cremigen Eischnee aufschlagen, dabei unbedingt das Eiweiß erst ohne Zucker anschlagen und dann den Zucker nach und nach einrieseln lassen. (Genauso wichtig ist es, darauf zu achten, dass alle Arbeitsgeräte fettfrei sind.)

3. In die schaumige Eigelbmasse ca. ein Drittel des Eischnees einrühren, dann den restlichen Eischnee vorsichtig unterheben.

4. Mehl, Kakao und Mandelgrieß vermischen und unter Rühren nach und nach in die schaumige Eiermasse zugeben – dabei sollte der Schneebesen vorsichtig über die Seite nach oben in die Mitte geführt werden. Die flüssige Butter vorsichtig unter die Masse ziehen. Den fertigen Teig sofort dünn auf das Backpapier aufstreichen, so dass 5 gleich dicke Böden von 20 cm Ø entstehen. (Tipp: Auf der Rückseite des Backpapiers kann jeder Boden vorher mit Bleistift aufgezeichnet werden.) Die Böden im Ofen (Heißluft) je ca. 12 Min. backen. Die Böden aus dem Ofen nehmen, auf dem Backpapier vom Blech nehmen und auskühlen lassen.

5. Für die Füllung die Kuvertüre in kleine Stückchen hacken. Die Sahne einmal aufkochen lassen und über die gehackte Kuvertüre gießen. Langsam rühren, bis die Masse glatt ist und glänzt. Anschließend die Butter mit einem Schneebesen unterrühren.

(Fertigstellung s. nächste Doppelseite)

Die Kuvertüre vor dem Schmelzen mit einem schweren Messer in kleine Stücke hacken.

Cornado-Torte
Aufbau und Überzug

Zum Fertigstellen
350 g Zartbitterkuvertüre
  (am besten Guanaja)
50–100 g Kakaokernbruch oder
  gehackte Pistazienkerne

6. Sobald die Füllung abgekühlt ist, kann man mit dem Zusammensetzen der Torte beginnen. Hierfür sollte man einen Tortenring zur Hilfe nehmen. Auf eine Platte 1 Bogen Backpapier legen. Die Cornado-Torte besteht aus 5 Böden und 4 Schichten Füllung dazwischen. Mit einem Tortenboden beginnen, darauf ein Viertel der Füllung streichen, 1 Boden darauf legen usw. Mit 1 Tortenboden enden. Die Torte einen Tag abgedeckt im Kühlschrank durchziehen lassen.

7. Zum Fertigstellen die Torte 1 Std. vorher aus dem Kühlschrank nehmen. Dadurch vermeidet man, dass sich auf dem Schokoladenüberzug Feuchtigkeit niederschlägt.

8. Die Kuvertüre schmelzen und temperieren (s. Tipp unten und auf Seite 167). Die Oberfläche der fertigen Torte mit 50 g Kuvertüre bestreichen. Darauf einen Bogen Backpapier legen und die Torte stürzen. Die Kuvertüre fest werden lassen, die Torte umdrehen und das Papier abziehen. Nun ist die Oberfläche glatt.

9. Zum Überziehen die Torte auf ein Gitter stellen, die temperierte Kuvertüre darüber gießen und mit einer Palette gleichmäßig dünn verteilen. Eventuell die Ränder nachstreichen und mit Kakaokernbruch oder gehackten Pistazienkernen versehen.

Diese grandiose Schokoladentorte habe ich gemeinsam mit meinem Freund, dem exzellenten Konditor Adolf Andersen konzipiert. Der etwas größere Zeitaufwand, den dieses Rezept mit sich bringt, wird schon beim ersten Bissen belohnt.

a Schoko-Sahne-Füllung auf die Böden löffeln und verstreichen. Ein Tortenring gibt der Sache Stabilität.
b Darauf 1 Tortenboden legen und
c wieder mit Füllung bestreichen.
d Hat die Torte durchgezogen, geht's ans Glasieren.

POLETTOS KOCHTIPPS

Wichtig ist, die Schokolade vor der Verarbeitung in möglichst kleine Stücke zu hacken. Der Grund: Schokolade verträgt keine allzu hohe Temperatur. Sie muss daher behutsam geschmolzen werden und das geht mit kleinen Stücken besser. Sie lassen sich auch erstaunlich gut in der Mikrowelle schmelzen.
Am besten lässt sich die Torte mit einem schmalen, vorher in heißes Wasser getauchten Messer aufschneiden.

Gewürzschokoladenknödel
mit Ingwerzwetschgen und weißem Schokoladeneis

Zubereitungszeit 55 Min.

Zutaten für 6 Personen

Für das weiße Schokoladeneis

250 g Sahne

1/4 l Milch

6 Eigelbe

30 g Zucker

3 cl Kirschwasser

125 g weiße Kuvertüre

Für die Grießknödel

1/2 Vanilleschote

1/2 l Milch

120 g Butter

3 1/2 EL Zucker

125 g Hartweizengrieß

2 Eier

ca. 30 g Xocopilikugeln von
    Valrhona (6 Stück)

Paniermehl nach Bedarf

abgeriebene Schale von je
    1/2 Bio-Zitrone und Orange

je 1 Msp. Zimtpulver, gemahlener
    Kardamom und Piment

Puderzucker zum Bestäuben

1 Prise Salz

Für die Zwetschgenröster

400 g Zwetschgen

2 Scheiben Ingwer

200 g Zucker

1/2 l Rotwein

1 Zimtstange

Mark von 1 Vanilleschote

1 Gewürznelke

2 Pimentkörner

1/2 TL Speisestärke

1 EL Zwetschgenwasser

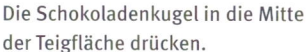
Die Schokoladenkugel in die Mitte der Teigfläche drücken.

Mit dem Teig umschließen und zu einem glatten Knödel formen.

1. Für das Eis Sahne und Milch aufkochen. Eigelbe, Zucker und Kirschwasser über einem heißen Wasserbad schaumig schlagen. Dann unter Rühren die Sahne-Milch-Mischung zugießen. Die Masse zur Rose abziehen (s. Tipp Seite 155). Die Kuvertüre über einem heißen Wasserbad schmelzen und unter die Eier-Sahne-Masse heben. Die Masse in der Eismaschine gefrieren lassen.

2. Inzwischen für die Knödel die Vanilleschote aufschlitzen. Mit Milch, Butter und 3 EL Zucker in einen Topf geben und aufkochen lassen. Die Vanilleschote herausnehmen und den Grieß einrühren. Solange rühren, bis eine dicksämige Masse entstanden ist, die sich als Klumpen vom Topfboden löst. Auskühlen lassen. Die Eier hineinschlagen, glatt verrühren und vom Teig mit einem runden Eisportionierer 6 Knödel ausstechen. Je 1 Xocopilikugel in den Teig einlegen und mit feuchten Händen zu Knödeln formen. Mit Folie abdecken und kalt stellen.

3. Die Zwetschgen waschen, halbieren und entsteinen. Den Ingwer schälen. Den Zucker im Topf karamellisieren und mit Rotwein ablöschen. Zimt, Vanille, Nelke, Piment und Ingwer hinzugeben. Um etwa zwei Drittel reduzieren, dann durch und ein Spitzsieb in einen kleinen Topf abgießen. Die Reduktion mit den Zwetschgen aufkochen. Speisestärke und Zwetschgenwasser glatt verrühren und die Zwetschgen damit leicht binden. Die warmen Zwetschgen in tiefe Teller geben.

4. Paniermehl, restlichen Zucker, Zitrusabrieb und Gewürze mischen. Wasser mit den Zitrushälften, 1 Prise Salz und Zucker sprudelnd aufkochen, die Hitze reduzieren, die Knödel für 1- 2 Min. einlegen, herausheben, herausheben, in der Panade wenden, auf die Zwetschgen setzen und mit Puderzucker bestäuben. Je 1 Kugel Eis ausstechen und dazugeben.

Tonkabohnentrüffel

Zubereitungszeit 50 Min.
Kühlzeiten 15 Std.
Zutaten für 60 Stück

300 g Vollmilchkuvertüre, 41 %
  (am besten von Valrhona)
1/2 Tonkabohne
350 g Sahne
1 Prise Salz

60 Trüffelhohlkugeln
  (in guten Konditoreien)
300 g Kuvertüre zum Überziehen
100 g andersfarbige Kuvertüre
  zum Verzieren

1. Die Kuvertüre hacken und in eine Metallschüssel geben. Die Tonkabohne wie eine Muskatnuss reiben. Sahne mit Salz 2-mal aufkochen lassen, dann nach und nach unter die Kuvertüre geben. Tonkabohne in drei Stufen unterarbeiten, dabei gleichmäßig rühren. Die Masse mindestens 2–3 Std. abkühlen lassen. Mithilfe eines Spritzbeutels in die Hohlkugeln füllen. (Oder die Masse mit dem Parisienne-Ausstecher zu kleinen Kugeln formen.) Über Nacht kühl stellen.

2. Am nächsten Tag 300 g Kuvertüre (nach Belieben dunkle oder Vollmilch-kuvertüre) temperieren (s. Tipp). Etwas davon in einen Spritzbeutel geben und die Kugelöffnungen verschließen. Dann die Kugeln überziehen und die Trüffeln nach dem Eintunken auf der ehemaligen Öffnung absetzen.

3. Die Kuvertüre »anziehen« lassen und die Trüffeln mit andersfarbiger Kuvertüre verzieren. Die Trüffeln können verderben, also höchstens 2 Wochen aufbewahren.

a Die Tonkabohne wird wie eine Muskatnuss fein gerieben.
b Trüffelmasse mit einem Spritz-beutel in die Hohlkugeln füllen.
c Die Kugeln mit einer Konfekt-gabel in die flüssige Kuvertüre tauchen.
d Wenn man Kuvertüre »tempe-riert«, behält sie ihren schönen Glanz.

POLETTOS KOCHTIPP

Das Temperieren von Schokolade ist wichtig für den späteren Glanz der Trüffel. Hierfür die Schokolade im Wasserbad schmelzen, auf ca. 55°. Zwei Drittel der Masse am besten auf einer Marmorplatte »temperieren«, d. h., auf 28–29° abkühlen lassen. Die restliche Schokolade warm halten. Auf dem Marmor die Schokolade mit Spachteln durcharbeiten. Nun das letzte Drittel Schokolade angießen, um die Schokolade nicht weiter abzukühlen (31–32°). So erhält man eine glänzende Schokolade.

Rehkoteletts
mit Sellerieravioli und Schokoladen-Pfeffer-Sauce

Zubereitungszeit 3 Std. 30 Min.
Zutaten für 4 Personen

Für die Schokoladensauce
500 g klein gehackte Rehknochen
2 Schalotten | 1 Möhre
1 Stück Knollensellerie
2 Knoblauchzehen
1 TL Tomatenmark
je 1 EL grüner und weißer Pfeffer,
    grob zerstoßen
1 Lorbeerblatt | 2 Zweige Thymian
1 TL zerstoßene Wacholderbeeren
2 EL wilde Preiselbeeren (Glas)
2 EL alter Aceto balsamico
200 ml Rotwein
200 ml roter Portwein
100 ml Madeira | 1 l Wildfond
1–2 EL dunkle Kuvertüre, 72–80 %

Für die Sellerieravioli
1 Knollensellerie | 50 ml Milch
50 g Sahne | 1 TL Zitronensaft
50 g Mehl | 2 Eier
4 Scheiben geriebenes Toastbrot
Butterschmalz zum Ausbacken

Für das Reh
600 g Rehkoteletts am Stück,
    küchenfertig und pariert
4 Thymianzweige

Für den Spitzkohl
12–16 schöne Spitzkohlblätter
50 ml Geflügelbrühe | Muskat

Außerdem
Olivenöl zum Braten | Salz
schwarzer Pfeffer | Butter

1. Für die Schokoladensauce den Backofen auf 180° (Umluft 160°) vorheizen. Die Rehknochen auf einem Blech im Ofen dunkel anrösten. Herausnehmen und auskühlen lassen. Die Gemüse schälen und grob würfeln. 2 EL Olivenöl in einem Topf erhitzen und die Gemüse darin Farbe nehmen lassen. Tomatenmark und Würzzutaten dazugeben und bei mittlerer Hitze 10 Min. mitrösten. Die Preiselbeeren einrühren, dann mit Balsamico und den Weinen ablöschen und alles einkochen lassen. Rehknochen dazugeben und mit dem Wildfond auffüllen. Unter gelegentlichem Rühren ca. 3 Std. köcheln lassen. Die Jus durch ein Passiertuch abgießen, nochmals aufkochen und um knapp die Hälfte einkochen.

2. Für die Sellerieravioli den Sellerie schälen. 16 dünne Scheiben aufschneiden und Kreise von mindestens 5 cm Ø ausstechen. In kochendes Salzwasser geben und in Eiswasser abschrecken. 100 g Sellerie würfeln und mit Milch und Sahne in ca. 20 Min. weich kochen. 300 g Butter langsam zur »Nussbutter« bräunen, dann durch ein feines Sieb abgießen. Sellerie aus der Milch nehmen und mit der Butter fein pürieren. Mit Salz und Zitronensaft abschmecken. Auskühlen lassen.

3. Selleriescheiben auslegen, mit je 1/2 TL Püree bestreichen, zusammenklappen und die Kanten zusammendrücken. Mehl, geschlagene Eier und Toastbröseln in einzelne Teller geben. Die Sellerieravioli panieren.

4. Den Ofen auf 120° (Umluft 100°) vorheizen. Die Rehkoteletts salzen und pfeffern und mit dem Thymian in 2 EL Butter von beiden Seiten anbraten. Im Ofen in ca. 15 Min. braten. Mit Alufolie abgedeckt am warmen Herd ruhen lassen.

5. Inzwischen die Kohlblätter entstrunken, kurz in kochendes Salzwasser geben und in gesalzenem Eiswasser abschrecken. Die Geflügelbrühe mit 1 EL Butter aufkochen, mit Salz und Muskat abschmecken und warm halten.

6. Sellerieravioli in ca. 170° heißem Butterschmalz goldgelb ausbacken. Den Spitzkohl in der Geflügelbrühe erwärmen, die Rehsauce erhitzen. Die Kuvertüre in der Rehsauce auflösen, mit Salz abschmecken und durch ein feines Sieb streichen.

7. Den abgetropften Kohl auf vier vorgewärmten Tellern anrichten. Die Rehkoteletts in der Pfanne nachbraten, würzen und auf den Kohl geben. Die Sellerieravioli dazulegen und mit Schokoladen-Pfeffer-Sauce umgießen.

Geliebter
Paradiesapfel

TOMATEN Das Spiel zwischen Süße und Säure ist bei Tomaten besonders faszinierend. Wer nur die »Treibhaustomate vulgaris« kennt, ahnt nichts vom Varianten- und **Aromenreichtum** dieser Früchte. Tomaten sind immer köstlich: roh, gekocht oder gebraten, zu Sauce, Saft, Schaum oder Gelee verarbeitet – es gibt eigentlich nichts, was man nicht aus ihnen machen kann. Tomaten sind sehr **paarungsfreudig:** Pasta erhält durch sie lebendige Frische, Fisch ergänzt sie immer toll, mit jeglicher Art von Kräutern harmoniert sie vorzüglich. Ohne Tomaten wäre meine **genussvolle Frischeküche** undenkbar!

3 Gelbe Strauch-
tomate

4 Flaschen-
Kirschtomaten

2 Ochsenherz

5 Pflaumen-
Kirschtomaten

1 Fleischtomate

6 Eiertomate

Tomaten auf einen Blick

Die spanischen Eroberer brachten die Tomate aus Mittelamerika nach Europa. Da Blätter, Stiele und grüne Früchte das giftige Solanin enthalten, wurde sie lange nur als Zierpflanze verwendet; die reifen Früchte schätzten nur wenige. Den Beinamen »poma amoris«, »pomme d'amour« (»Liebesapfel«) verdankt die Pflanze der angeblichen aphrodisierenden Wirkung, die man aber nur dem dosierten Verzehr der giftigen Grünteile zuschrieb. Erst über die Mittelmeerküche gelangte die Tomate im 17. Jahrhundert in mitteleuropäische Küchen.

Die unglaubliche Vielfalt der Tomatenwelt spiegelt sich in den heutigen Angeboten nur unvollkommen: alte, aromatische, schrumpelig aussehende Sorten – auch gelbe, orangene, schwarze oder gar zebrafarbene – sind kaum zu finden. Auf Bauernmärkten und in Bioläden bekommt man neuerdings auch andere Sorten, die dem Bild der prallen, leuchtend roten Frucht oft nicht gerecht werden. Probieren Sie sie dennoch. Eine weitere Glaubensfrage – Freiland- oder Treibhaustomate – ist nicht schwer zu beantworten. Natürlich ist der »Paradiesapfel« am besten, wenn er sonnengereift, frisch von der Pflanze gepflückt wird. Da aber das Klima bei uns oft zu kalt ist, kann eine ausgereifte Treibhaustomate besser sein als eine grün gepflückte Freilandtomate, die auf ihrem Weg zum Verbraucher nachreift – Aromen entwickelt sie nicht mehr.

1 Fleischtomate
Die große rote, innen leicht grüne Fleischtomate ist ideal zum Füllen geeignet.

2 Ochsenherz – »cœur du bœuf«
Große Früchte mit festem Fruchtfleisch und wenig Kernen.

3 Gelbe Strauchtomate
Sie sind süßer als die roten Verwandten und eignen sich zum Kochen, für Suppen und Salate.

4 Flaschen-Kirschtomaten
Auch als Cherrytomaten bekannt. Rot oder gelb, immer öfter auch an der Rispe. Sie sind aromatisch und süß und länger haltbar.

5 Pflaumen-Kirschtomaten
Sie sind fest im Fruchtfleisch und sehr süß.

6 Eiertomate
Sie hat wenig Kerne, festes Fleisch und eignet sich gut zum Kochen und für Salate.

REMIGIOS WEINTIPP

Zwei, die sich mögen: Tomaten und Sangiovese
Sowohl Sangiovese als auch Tomaten stehen für Genusskultur in der Toskana. Für Zubereitungen auf Tomatenbasis oder mit Tomaten eignen sich aber nicht unbedingt die schweren Sangiovese-»Kracher« à la Brunello oder die in Barriques ausgebauten Chianti Classico Riservas. Nein: Ich denke da eher an den klassischen, leider in der Gourmetwelt manchmal etwas verkannten Sangiovese-Typus: reife, runde, mittelgewichtige, im Stahltank oder im großen Holz ausgebaute Sangioveses, wie z. B. einige »normale« Chiantis und Chianti Classicos, aber auch Sangioveses aus Umbrien, den Marken oder der Emilia-Romagna. Diese Weine, wenn sie gut sind und aus reifem, gesundem Lesegut mit nicht zu hohen Erträgen geerntet wurden, haben meist eine charmante, kleine, natürliche Extraktsüße aus der Frucht und keine spitze Säure. So harmonieren sie sehr schön mit der Fruchtigkeit der Tomate.
Ein kleiner Geheimtipp: Es gibt auch vorzügliche Rosatos vom Sangiovese, die zu leichten Sommersalaten oder Gerichten mit Tomate und Hummer oder Meeresfrüchten ein überraschendes und beglückendes Geschmackserlebnis vermitteln können.

Küchenpraxis Tomate

In der Saison sind Tomaten das Beste, was man bekommen kann. Sie sind saftig und hoch aromatisch. Und man hat zumeist die Garantie, dass sie reif geerntet wurden. Greifen Sie zu und kochen Sie sie ein – das Aroma ist unvergleichlich viel besser als bei weniger reifen Früchten. Gute Tomaten haben eine makellose, glatte Haut, sind prall und in der Färbung (das ist allerdings sortenabhängig) gleichmäßig.

Tomaten im Kühlschrank zu lagern, ist regelrechter Aromenmord! Lagern Sie sie bei Zimmertemperatur in einem luftdurchlässigen Korb, das erhält den Geschmack. Sollte dennoch mal eine aufplatzen, haben Sie eine ideale Saucenzutat.

Wenn ich keine geeigneten reifen Tomaten zur Verfügung habe, koche ich auch mal Saucen »halb und halb«: ein Teil aus frischen, ein Teil aus Dosentomaten; dafür werden in aller Regel nur absolut reife Früchte verarbeitet, die Qualitätsunterschiede liegen in den Anbaumethoden.

Wenn Sie häufig Tomaten verwenden, lohnt sich die Anschaffung eines speziellen Tomatenmessers: Ein gutes Tomatenmesser ist scharf und hat einen feinen Sägeschliff. Dieser sorgt dafür, dass Sie ordentliche Scheiben zustande bekommen. Schneiden Sie immer den Stielansatz heraus und die Scheiben quer dazu auf. Eine weitere lohnende Investition ist ein Passiergerät, oft auch als »Flotte Lotte« im Handel erhältlich: Durch dieses Gerät lassen sich kurz mit kochendem Wasser überbrühte Tomaten ganz leicht passieren; Kerne und Haut bleiben im Gerät zurück.

Der Saucenklassiker geht ganz einfach: Braten Sie Schalotten oder Frühlingszwiebeln mit Knoblauch und – wenn Sie möchten – Peperoncini in Olivenöl glasig an, geben Sie dann die passierten Tomaten (ich nehme hälftig frische und Dosentomaten) samt Flüssigkeit zu und lassen Sie den Sugo, gewürzt mit Salz, schwarzem Pfeffer und etwas Zucker, einkochen. Weitere Aromen können ein Schuss Aceto balsamico sein oder frische aromatische Kräuter wie Thymian und Oregano. Auch Basilikum, allerdings erst am Ende der Garzeit frisch darüber gestreut, geben der Tomatensauce eine wunderbare Note.

Ofentomaten (Grundrezept)

a 1 kg reife Strauchtomaten waschen, von den Stielansätzen befreien und kurz in kochendes Wasser legen. Die Früchte herausheben, in Eiswasser abschrecken, häuten, vierteln und entkernen.

b Die Tomatenviertel einzeln auf ein mit Backpapier belegtes Backblech legen.

c 2–3 Knoblauchzehen schälen und in Scheiben schneiden. Je 1 Zweig Basilikum, Rosmarin und Thymian waschen und trockenschütteln. Die Blättchen abzupfen und fein schneiden. 1 Bio-Zitrone waschen und die Schale abreiben. Die Tomatenviertel mit Knoblauch, Kräutern und Zitronenschale bestreuen und mit 6 EL Olivenöl beträufeln. Mit Fleur de Sel, Pfeffer und Puderzucker würzen. Die Tomaten im Ofen bei 100° ca. 5 Std. trocknen lassen. Das Blech herausnehmen und die Tomaten auskühlen lassen. Im Kühlschrank halten sie sich in einem geschlossenen Gefäß ca. 1 Woche.

Tomaten-Brot-Salat
Panzanella

Zubereitungszeit 25 Min.
Zutaten für 4 Personen

400 g Kirschtomaten
125 g Rucola
4 Zweige Basilikum
50 g Fenchelsalami
  (Finocchiata)
1 kleines Baguette
1 Knoblauchzehe
150 ml Olivenöl
1 Zweig Thymian
4 TL Aceto balsamico
Salz | schwarzer Pfeffer
25 g Parmesan, gehobelt

1. Die Kirschtomaten waschen und halbieren. Den Rucola waschen und gut abtropfen lassen. Das Basilikum waschen, trockenschütteln und die Blättchen abzupfen. Die Fenchelsalami in kleine Stücke schneiden. Alles in einer Schüssel vermischen.

2. Das Baguette in sehr dünne Scheiben schneiden (das funktioniert am besten, wenn man es kurz anfrieren lässt). Den Knoblauch schälen. 2 EL Olivenöl mit dem Thymianzweig und Knoblauch zusammen erhitzen und die Baguettescheiben darin knusprig braten. Herausheben und auf Küchenpapier abtropfen lassen.

3. Den Salat mit Aceto balsamico, Salz und Pfeffer würzen und mit dem restlichen Olivenöl gut vermischen.

4. Den Salat auf vier Tellern anrichten, mit Parmesanspänen garnieren und mit den Baguette-Scheiben anrichten.

POLETTOS KOCHTIPP

Panzanella ist mein absoluter Lieblings-Sommersalat. Er passt außerdem als Beilage hervorragend zu gegrilltem Fisch und Fleisch.

Dünne Baguette-scheiben werden in heißem, aromatisiertem Olivenöl kross gebraten.

Tomaten-Mozzarella-»Lasagne«
mit Gazpachoschaum

Zubereitungszeit 25 Min.
Kühlzeit 3–4 Std.
Zutaten für 4 Personen

Für den Gazpachoschaum
1 Salatgurke | Salz
4 reife Strauchtomaten
2 rote Paprikaschoten
1 Knoblauchzehe
4 EL Mayonnaise
2 EL milder Rotweinessig
Meersalz, z. B. Fleur de Sel
schwarzer Pfeffer

Für die Tomaten-Mozzarella-»Lasagne«
4 reife Strauchtomaten
400 g Büffelmozzarella
Meersalz, z. B. Fleur de Sel
schwarzer Pfeffer
1 Zweig Basilikum
100 g Rucola oder
  Staudensellerieblätter
bestes Olivenöl zum Beträufeln

1. Für den Gazpachoschaum die Gurke schälen, entkernen und grob würfeln. In eine Schüssel geben und salzen. Tomaten waschen und vierteln. Die Paprika waschen, putzen und in grobe Würfel schneiden. Den Knoblauch schälen.

2. Die vorbereiteten Zutaten in den Entsafter geben. Den Gemüsesaft mit der Mayonnaise mit einem Stabmixer aufschäumen und mit Essig, Fleur de Sel und Pfeffer abschmecken. Durch ein Spitzsieb abgießen und eiskalt stellen.

3. Für die Lasagne die Tomaten waschen und mit dem Mozzarella in gleich dicke Scheiben schneiden. Salzen und pfeffern und in einem tiefen Teller zu einer »Lasagne« schichten.

4. Die eiskalte Gazpacho aufschäumen und um die Lasagne gießen. Das Basilikum waschen, trockentupfen, die Blätter in feine Streifen schneiden und über dem Schaum verteilen. Die »Lasagne« nach Belieben mit Rucola oder Sellerieblättern garnieren. Am Schluss mit etwas Olivenöl beträufeln.

Gazpachoschaum aus püriertem rohem Gemüse, mit Mayonnaise aufgeschlagen.

Tomaten-Pfeffer-Tunfisch
mit grüner Salatvinaigrette

Zubereitungszeit 30 Min.
(ohne Ofentomaten)
Zutaten für 4 Personen

Für die Ofentomaten
4 reife Strauchtomaten
1 Knoblauchzehe
je 1 Zweig Basilikum,
    Rosmarin und Thymian
abgeriebene Schale
    von 1 Bio-Zitrone
Meersalz, z. B. Fleur de Sel
schwarzer Pfeffer
1 EL Puderzucker
Olivenöl zum Beträufeln

Für die grüne Salatvinaigrette
1 kleiner Kopfsalat | Salz
1 Msp. Wasabi (grüner
    japanischer Meerrettich)
2 Zweige Verbene
1 EL Ahornsirup
120 ml bestes Olivenöl
Saft von 1 Zitrone
Meersalz, z. B. Fleur de Sel

Für den Pfeffer-Tunfisch
100 g gemischte Pfefferkörner
    (weißer, schwarzer und
    Szechuan-Pfeffer)
40 g Meersalz, z. B. Fleur de Sel
400 g Tunfisch, Sushiqualität
Olivenöl zum Braten
1 vollreife Avocado
etwas Zitronensaft

Pfefferkörner lassen sich in einem schweren Stein-mörser gut reiben.

Den Tunfisch in dem zerriebenen Pfeffer und Fleur de Sel »panieren«.

1. Die Ofentomaten mit den angegebenen Zutaten wie auf Seite 175 beschrie-ben zubereiten.

2. Für die grüne Salatvinaigrette den Kopfsalat im Ganzen kurz in kochendes, gesalzenes Wasser geben, herausheben, in Eiswasser abschrecken, etwas aus-drücken und dann den Strunk herausschneiden. Salat, Wasabi, Verbene, Ahorn-sirup und Olivenöl in der Küchenmaschine fein pürieren. Mit Zitronensaft und Fleur de Sel abschmecken.

3. Für den Pfeffer-Tunfisch die Pfefferkörner im Mörser zermahlen. Mit dem Fleur de Sel mischen. Den Tunfisch in zwei Stücke teilen und in der Pfeffer-Salz-Mischung wenden.

4. Das Olivenöl in einer beschichteten Pfanne erwärmen, den Fisch einlegen und von beiden Seiten bei starker Hitze insgesamt ca. 2 Min. anbraten – der Kern sollte roh bleiben. Aus der Pfanne nehmen und auskühlen lassen.

5. Die Avocado schälen, bis zum Kern halbieren, die zwei Hälften gegeneinan-der drehen. Den Kern herausnehmen und die Hälften in Scheiben schneiden. Salzen und mit etwas Zitronensaft marinieren.

6. Zum Anrichten den Tunfisch in Scheiben aufschneiden und abwechselnd mit den Ofentomaten und Avocadoscheiben schichten. Mit der Vinaigrette umgießen und servieren.

Gefüllte Cacciucco-Tomate
mit Hummer

Zubereitungszeit 2 Std.
Kühlzeiten 1 Std.
Zutaten für 8 Personen

Für den Cacciucco-Fond (1,5 l)
Karkassen von 4 Hummern
1 kg Fischkarkassen
 (z. B. von Rotbarbe, Rascasse)
2 Gemüsezwiebeln
1 rote Paprikaschote
1 Fenchelknolle
3 Knoblauchzehen
1 rote Chilischote
3 EL Olivenöl
2 EL Tomatenmark
1 TL Fenchelsamen
10 Safranfäden
150 ml Weißwein
50 ml Pernod
50 ml Noilly Prat | Salz

Für die Cacciucco-Tomaten
1 Knoblauchzehe
2 Eiweiße (Größe M)
3 Zweige Estragon
Salz | 8 Fleischtomaten
3 Blatt Gelatine
1 Fenchelknolle
Fleisch von 4 Hummern, gegart

1. Für den Fond den Backofen auf 180° vorheizen. Hummerkarkassen im Ofen ca. 30 Min. rösten. Die Fischkarkassen in kaltem Wasser gründlich spülen.

2. Sämtliches Gemüse küchenfertig vorbereiten und klein würfeln. Einen großen Topf erhitzen, das Olivenöl zugeben und das Gemüse darin ca. 10 Min. anbraten. Das Tomatenmark einrühren, Fenchelsamen, Safran, Karkassen zugeben und ca. 10 Min. ziehen lassen. Mit Wein, Pernod und Noilly Prat ablöschen und etwas einkochen lassen. Ca. 2 l kaltes Wasser angießen, aufkochen lassen und mit einer Schaumkelle abschäumen. Zugedeckt ca. 1 Std. köcheln lassen. Den Fond abseits vom Herd 30 Min. ziehen lassen, dann durch ein mit einem Passiertuch ausgelegtes Sieb in einen Topf abgießen.

3. Den Cacciuccofond auf die Hälfte einkochen lassen, mit Salz abschmecken und auskühlen lassen. 1/2 l abnehmen, den Rest z. B. für eine Suppe verwenden.

4. Knoblauch schälen, in Scheiben schneiden. Den kalten Fond mit Eiweiß, Knoblauch und Estragon langsam aufkochen und wieder durch ein Passiertuch abgießen. Mit Salz abschmecken.

5. Die Tomaten überbrühen und häuten. Einen Deckel abschneiden und das Fleisch mit einem Löffel herauslösen. Die Gelatine in kaltem Wasser einweichen, ausdrücken und im lauwarmen Fond auflösen. Anziehen, aber nicht schnittfest werden lassen.

6. Fenchel putzen, klein würfeln, kurz in kochendes Salzwasser geben und kalt abschrecken. Die Hummerschwänze in 8 Medaillons schneiden. Das Gelenkfleisch würfeln, mit Fenchel mischen und in das Gelee einrühren. Bei Bedarf nochmals kalt stellen.

7. Tomaten mit dem Gelee füllen, mit den Medaillons bedecken, mit etwas Gelee bestreichen und die Tomatendeckel aufsetzen. Das Scherenfleisch halbieren, mit etwas Gelee bestreichen, auf einen Spieß aufstecken und mit der Tomate anrichten.

Kirschtomaten-Fondue
mit Frühlingszwiebeln und Kräutern

Zubereitungszeit 25 Min.
Zutaten für 4 Personen

400 g Pflaumen-Kirschtomaten
2 Bund Frühlingszwiebeln
1 Knoblauchzehe
4 EL getrocknete, in Öl
   eingelegte Tomaten
2 EL schwarze, in Olivenöl
   eingelegte Oliven
   (z. B. Taggiasca)
2 Zweige Basilikum
2 Zweige Estragon
Peperoncini, nach Geschmack
2 EL Olivenöl
Zucker
Meersalz, z. B. Fleur de Sel
4 EL Tomatensauce (s. Seite 174)
schwarzer Pfeffer

1. Die Tomaten waschen und längs halbieren. Die Frühlingszwiebeln putzen, waschen und schräg in Scheiben schneiden. Den Knoblauch schälen und in feine Scheiben schneiden. Die getrockneten Tomaten in feine Streifen schneiden. Die Oliven halbieren. Die Kräuter waschen, trockenschütteln, die Blättchen abzupfen und fein schneiden. Peperoncini fein schneiden.

2. Eine Wokpfanne erhitzen, das Olivenöl eingießen und die Frühlingszwiebeln und den Knoblauch darin anschwitzen. Die Tomatenhälften zufügen und mit etwas Zucker, Fleur de Sel und Peperoncini würzen. Die Tomatensauce und die getrockneten Tomaten einrühren und mit den Oliven durchschwenken. Am Schluss die Kräuter untermischen und das Kirschtomaten-Fondue mit Fleur de Sel und Pfeffer abschmecken.

POLETTOS KOCHTIPP

Das Kirschtomaten-Fondue ist im Sommer eine wunderbar leichte Beilage zu Fisch und Krustentieren, aber auch perfekt als Sugo zur Pasta.

In der Pfanne durch-
schwenken – und
fertig ist ein köstliches
Sommergericht.

Gebackene Ziegenquark-Fagottini
mit grüner Tomatenmarmelade

a Den Quark auf die Mitte der Teigblätter setzen.

b Die Ränder der Blätter dünn mit Eiweiß bestreichen.

c Die vier Ecken über der Füllung zu einem Säckchen zusammenfalten. Dabei entsteht ein »Spitz«.

d Die überstehenden Teigstücke abschneiden.

Zubereitungszeit 1 Std.
Zutaten für 6 Personen

Für die Tomatenmarmelade
1 kg grüne Tomaten
1 Vanilleschote
500 g Gelierzucker 2 : 1
50 ml Limoncello
  (italienischer Zitronenlikör)

Für die Ziegenquark-Fagottini
50 g entsteinte schwarze Oliven
  (ich bevorzuge Taggiasca-Oliven)
200 ml Läuterzucker (s. Seite 189)
4 Zweige Thymian | 200 g Ziegenquark
1 EL bestes Olivenöl
18 Wan-Tan-Blätter | 1 Eiweiß
1/2 l Öl zum Ausbacken
Puderzucker zum Bestäuben

1. Für die Marmelade die Tomaten waschen und grob zerkleinern. Vanilleschote längs aufschlitzen, das Mark auskratzen. Tomaten, Vanillemark und -schote mit dem Gelierzucker in einen Topf geben, aufkochen und ca. 3 Min. köcheln lassen. Mit dem Limoncello abschmecken und in Marmeladengläser füllen.

2. Für die Fagottini die Oliven 3-mal in kochendem Wasser blanchieren, herausheben und auf Küchenpapier abtropfen lassen. Den Läuterzucker aufkochen, die Oliven dazugeben und die Flüssigkeit auf die Hälfte einkochen lassen. Oliven herausnehmen, etwas auskühlen lassen und grob hacken.

3. Thymian waschen, trockentupfen und die Blättchen fein schneiden. Ziegenquark mit Oliven und Thymian mischen und mit Olivenöl glatt verrühren.

4. Die Wan-Tan-Blätter in Quadrate (7x7 cm) schneiden. Ca. 1 TL Quark in die Mitte geben und die Ränder mit dem verquirlten Eiweiß bestreichen. Tütchen formen (s. Stepbilder). Das Öl erhitzen und die Fagottini darin goldgelb ausbacken; herausheben und auf Küchenpapier abtropfen lassen.

5. Zum Anrichten die zimmerwarme Marmelade gut durchrühren. Die warmen Fagottini auf Teller setzen, mit Puderzucker bestäuben und die Tomatenmarmelade dazu reichen.

Kalbsjus

Dunkle Kalbsjus ist sehr vielseitig einsetzbar und lässt sich auch wunderbar für den Vorrat einfrieren.

Zutaten für ca. 1 l

1 kg gehackte Kalbsknochen
4 Schalotten
1 Stück Knollensellerie
1 Möhre | 1 Lauchstange
1 Tomate
2 EL Olivenöl zum Braten
2 zerdrückte Knoblauchzehen
1 EL Tomatenmark
1 Lorbeerblatt
je 2 Zweige Rosmarin und Thymian
1 TL weiße Pfefferkörner
je 100 ml Weißwein, weißer Portwein
    und Madeira
Salz

Den Backofen auf 180° vorheizen. Die Knochen abspülen und im Ofen knusprig rösten (das dauert ca. 1 Std.). Herausnehmen und auskühlen lassen. Die Gemüse schälen und würfeln. Olivenöl in einem großen Topf erhitzen und die Gemüsewürfel darin anbraten, Knoblauch, Tomatenmark, Lorbeerblatt Kräuterzweige und Pfeffer mitrösten. Alles nach und nach mit dem Alkohol ablöschen und fast komplett einkochen lassen. Die Knochen dazugeben und mit 2 l kaltem Wasser auffüllen. Aufkochen lassen und ab und zu den Schaum abschöpfen. Die Hitze reduzieren und alles mindestens 3–4 Std. köcheln lassen. Durch ein feines Sieb oder Passiertuch geben, nochmals aufkochen und gegebenenfalls mit Salz abschmecken.

Variante Lammjus: Eine Lammjus wird genauso gekocht, nur wird der weiße gegen roten Portwein ausgetauscht und Madeira gegen Rotwein.

Variante Entenjus: Entenjus kann gekocht werden wie eine Kalbsjus, nur mit Entenkarkassen.

Geflügelbrühe

Ohne Geflügelbrühe geht in meiner Küche gar nichts. Sie kocht sich fast von selbst und gibt überall den letzten Geschmackskick.

Zutaten für ca. 2 l

1 Suppenhuhn aus Freilandhaltung
    (das ist wichtig für den Geschmack)
1 Gemüsezwiebel
1 Möhre
2 Stangen Staudensellerie
1 Lauchstange | 1 Tomate
2 zerdrückte Knoblauchzehen
1 Lorbeerblatt
1 TL Pfefferkörner
3 Pimentkörner
1 Gewürznelke
je 1 Zweig glatte Petersilie, Thymian
    und Liebstöckel
100 ml Weißwein

Die Zwiebel halbieren und auf den Schnittflächen in einer Pfanne ohne Öl richtig schwarz anbraten. Die restlichen Gemüse waschen, schälen und in grobe Würfel schneiden. Das Suppenhuhn abwaschen und mit allen Zutaten und 2–3 l Wasser in einen Topf geben. Aufkochen lassen, abschäumen und danach die Hitze reduzieren, 2–3 Std. köcheln lassen. Durch ein Passiertuch abgießen und auskühlen lassen. Entfetten und sofort verwenden oder portionsweise einfrieren.

POLETTOS KOCHTIPPS

Übrigens, sollte die Jus noch nicht den Geschmack und die Konsistenz wie gewünscht erreicht haben, einfach weiter reduzieren! Wenn sie etwas zu dünnflüssig bleibt, mit ein paar kalten Butterflöckchen binden.

Fischfond

Eine hervorragende Saucenbasis für alle
Fischgerichte. Den Fond mit etwas Butter,
Öl oder Sahne aufmixen – fertig.

Zutaten für ca. 1 l

500 g Gräten, nur von weißen Fischen
  wie Steinbutt oder Seezunge

3 Schalotten

4 Champignons

1 Stange Lauch, nur das weiße Ende

2 Stangen Staudensellerie

1 Tomate | 1 Knoblauchzehe

2 EL Butter

4 Zitronenfilets

je 1 Zweig Thymian und Estragon

1 TL weiße Pfefferkörner

Meersalz, z. B. Fleur de Sel

100 ml Weißwein

50 ml Noilly Prat

Die Fischgräten unter fließendem Wasser mindestens 1 Std. wässern. Die Gemüse waschen, putzen
und würfeln. Die Butter in einem Topf aufschäumen lassen und alle Gemüse, die Zitronenfilets,
Kräuter und Gewürze ca. 10 Min. anschwitzen.
Die abgetropften Gräten dazugeben, leicht salzen
und unter gelegentlichem Rühren 5 Min. mitkochen.
Mit Wein und Noilly Prat ablöschen, etwas einkochen lassen und mit 2 l kaltem Wasser auffüllen.
Aufkochen lassen und den Fischfond 30 Min. ohne
Hitzezufuhr ziehen lassen. Durch ein Passiertuch
geben und auskühlen lassen. Entfetten und portionsweise einfrieren.

Arganöl wird aus der Frucht des marokkanischen
Eisenholzbaumes gewonnen. Ich liebe seinen Geschmack nach Nüssen und geröstetem Fleisch. Es besteht zu 80 % aus wertvollen ungesättigten Fettsäuren
und enthält viel Vitamin E. Wichtig beim Kochen ist,
das Arganöl erst ganz am Schluss zum Würzen zu
verwenden, um den Geschmack nicht totzukochen.
Beim Kauf von Arganöl unbedingt auf Qualität achten.

Fleur de Sel ist für mich der natürlichste Ge-
schmacksverstärker der Welt. Ohne Fleur de Sel geht
in meiner Küche fast gar nichts. Es wird an der Algar-
ve, in der Bretagne und in der Camargue gewonnen,
indem man Meerwasser in speziellen Behältern ver-
dunsten lässt, bis eine dünne Salzkruste auf der
Oberfläche entsteht. Diese Kruste, das Fleur de Sel,
die »Blume des Salzes«, wird in Handarbeit abgeschöpft. Fleur de Sel ist reich an Mineralstoffen und
kommt immer unbehandelt in den Verkauf. Man bekommt es in guten Feinkostläden. Man kann dem
Fleur de Sel selbst einen kleinen Aromakick geben,
indem man es mit getrockneten Kräutern oder auch
schwarzen Oliven mischt.

Himbeer-Vincotto ist sehr vielseitig in der
warmen und kalten Küche einsetzbar. Nach Meinung
italienischer Küchenchefs ist Vincotto ein wahres
Elixier: eine Art süßer Essig, samtig im Geschmack,
mit weichen, harmonischen Gewürzaromen nach
Traube und Pflaume. Vincotto wird aus zwei Trauben-
sorten, der »Negroamaro« und der »Malvasia nera«
hergestellt. Er reift mindestens 4 Jahre. Es gibt ihn in
verschiedenen Geschmacksrichtungen.

Läuterzucker ist dasselbe wie Zuckersirup und
schnell selbst herzustellen: Zucker und Wasser im
Verhältnis 1 : 1 erhitzen, bis der Zucker aufgelöst ist,
dann noch ein paar Minuten kochen.

Quatre épices ist eine Gewürzmischung aus
Frankreich auf der Grundlage von Pfeffer, Muskat,
Nelken und Ingwer. Dazu kommt z. B. noch Zimt,
Macis, Sternanis, Koriander, Zimtblüten und Piment
(so bei Ingo Holland fertig zu bestellen). Quatre
épices gibt einfach jedem Lebergericht den letzten
Kick und kitzelt den Gaumen mit Gewürzpower.

Tonkabohne wird in Venezuela und Nigeria
produziert. Sie hat einen intensiven Geschmack,
wie ein Mix aus Vanille und Bittermandel, der aus-
gezeichnet zu Schokolade oder zur Eiszubereitung
past. Verarbeitet wird sie wie die Muskatnuss.

Bezugsadressen für spezielle Produkte:
www.bosfood.de · www.tivona-alimentaria.de

A

Anchovis-Senf-Mayonnaise 137

Apfel
Hähnchenleber-Tramezzini mit Trüffelvinaigrette 85
Honigchicorée mit gebratener Kalbsleber und
    Gewürzapfeljus 65

Arganöl
Glossar 189
Toskanische Bohnensuppe mit geröstetem Brot
    und Arganöl 45

Artischocken
Artischocken mit feinem Kräuterdip 27
Artischocken vorbereiten 25
Artischocken-Steinpilz-Kasserolle mit
    Cocktailtomaten 33
Eingemachte Artischocken in Olivenöl 29
Knusper-Artischocken mit Kräuter-Mesclin und
    Ziegenkäse 31
Roh marinierter Artischocken-Salat mit
    Pecorinospänen 33
Rotbarbenfilets mit violetten Artischocken und
    Himbeer-Vincotto 35
Warenkunde 23

Auberginen
Lammrücken mit gratiniertem
    Auberginentörtchen 125

Avocado
Bunter Endiviensalat mit Lachsspieß und Avocado 57
Tomaten-Pfeffer-Tunfisch mit grüner Salat-
    vinaigrette 181

B

Baccalà: Sahnige Kartoffelsuppe mit Baccalà 109
Basilikumpesto 47
Blätterteig: Tarte Tatin mit Feigen und Vanilleeis 79

Bohnen
Bohnen garen (Kochtipps) 39
Gespickter Seeteufel, an der Gräte gegart, mit
    Bohnenpüree und Salsa von Räucheraal 49
Hühnereintopf 89
Kasserolle mit sechs Bohnensorten 43
Kastanienbandnudeln mit grünen Bohnen, Kartoffeln
    und Basilikumpesto 47
Pikanter Bohnensalat mit gebratenen Calamaretti 41
Toskanische Bohnensuppe mit geröstetem Brot
    und Arganöl 45
Warenkunde 39
Brunnenkresse: Gebackene Austern mit Kartoffel-
    Brunnenkresse-Salat 141
Bunter Endiviensalat mit Lachsspieß und Avocado 57

C

Calamaretti: Pikanter Bohnensalat mit gebratenen
    Calamaretti 41
Cornado-Torte 161 ff.

E

Eingemachte Artischocken in Olivenöl 29

Endivien
Bunter Endiviensalat mit Lachsspieß und Avocado 57
Endivien vorbereiten 53
Honigchicorée mit gebratener Kalbsleber und
    Gewürzapfeljus 65
Ligurischer Kaninchensalat mit Escariol 55
Penne mit Trevisano und Pancetta 63
Risotto mit Salsiccia und Radicchio 61
Römersalsuppe mit Ingwer und Riesengarnele 59
Warenkunde 53

Ente: Feigenravioli mit Scheiben von der Barbarie-
    Entenbrust 73
Entenjus (Variante) 188

Estragon
Kabeljau-Crostini mit San-Daniele-Schinken 103
Kirschtomaten-Fondue mit Frühlingszwiebeln
    und Kräutern 185
Polettos Amalfigockel – Estragonhähnchen mit
    Knoblauch-Zitronen-Füllung 95
Tomatenrisotto mit Jakobsmuscheln 145

F

Feigen
Feigenravioli mit Scheiben von der Barbarie-
    Entenbrust 73
Gebackene Feigen mit Moscato-Zabaione 75
Hausgemachter Senf mit frischen Feigen 71
Panettoneküchlein mit Gewürzfeigen 77
Parmafeige mit karamellisierten Pecannüssen 71
Tarte Tatin mit Feigen und Vanilleeis 79
Warenkunde 69

Fenchel
Gefüllte Cacciucco-Tomate mit Hummer 183
Lammbolognese 121
Loup de mer mit Venusmuscheln und Fenchel
    in Pergament 149
Fischfond 189
Fleur de Sel (Glossar) 189
Frühlingszwiebeln: Kirschtomaten-Fondue mit
    Frühlingszwiebeln und Kräutern 185

G

Gänseleber: Feigenravioli mit Scheiben von der
    Barbarie-Entenbrust 73
Gänseschmalz: Polentalasagne mit confierter
    Perlhuhnkeule 91
Gazpachoschaum 179
Gebackene Austern mit Kartoffel-Brunnenkresse-
    Salat 141
Gebackene Feigen mit Moscato-Zabaione 75
Gebackene Ziegenquark-Fagottini mit grüner
    Tomatenmarmelade 187
Gebratener Kabeljau mit weißem Spargel und altem
    Aceto balsamico 113
Gedämpfter Kabeljau im Kartoffelsud mit
    Oliven-Fleur-de-Sel 111
Geflügelbrühe 188
Gefüllte Cacciucco-Tomate mit Hummer 183
Gelierter Geflügelsalat mit Ofentomaten 87
Gespickter Seeteufel, an der Gräte gegart,
    mit Bohnenpüree und Salsa von Räucheraal 49
Gewürzschokoladenknödel mit Ingwerzwetschgen
    und weißem Schokoladeneis 165
Gremolata: Ossobuco vom Lamm mit Gremolata 129

H / I

Hausgemachter Senf mit frischen Feigen 71

Himbeeren
Himbeersauce (Kochtipp) 75
Rotbarbenfilets mit violetten Artischocken und
    Himbeer-Vincotto 35
Himbeer-Vincotto (Glossar) 189

Huhn
Gelierter Geflügelsalat mit Ofentomaten 87
Hähnchenleber-Tramezzini mit Trüffelvinaigrette 85
Hühnereintopf 89
Involtini vom Perlhuhn mit Südtiroler Speck 93
Polentalasagne mit confierter Perlhuhnkeule 91

Polettos Amalfigockel – Estragonhähnchen mit
    Knoblauch-Zitronen-Füllung 95
Poularde tranchieren 83
Warenkunde 83
Hummer: Gefüllte Cacciucco-Tomate mit Hummer 183
Ingwer: Gewürzschokoladenknödel mit
    Ingwerzwetschgen und weißem Schokoladeneis 165
Involtini vom Perlhuhn mit Südtiroler Speck 93

K

Kabeljau
Gebratener Kabeljau mit weißem Spargel und altem
    Aceto balsamico 113
Gedämpfter Kabeljau im Kartoffelsud mit
    Oliven-Fleur-de-Sel 111
Kabeljau braten (Kochtipp) 113
Kabeljau-Crostini mit San-Daniele-Schinken 103
Kalter Salat von schwarzen Linguine mit
    mariniertem Kabeljau 105
Kartoffelsuppe mit Baccalà 109
Küchenpraxis 100
Pescaccio vom Kabeljau mit Salsa pizzaiola 107
Warenkunde 99
Kalbsjus 188
Kalbsleber: Honigchicorée mit gebratener Kalbsleber
    und Gewürzapfeljus 65
Kaninchenrücken: Ligurischer Kaninchensalat
    mit Escariol 55

Kartoffeln
Artischocken-Steinpilz-Kasserolle mit
    Cocktailtomaten 33
Gebackene Austern mit Kartoffel-Brunnenkresse-
    Salat 141
Gedämpfter Kabeljau im Kartoffelsud mit
    Oliven-Fleur-de-Sel 111
Kastanienbandnudeln mit grünen Bohnen,
    Kartoffeln und Basilikumpesto 47
Lammfilets mit Kartoffelgemüse, Tiroler Speck
    und Salsa verde 123
Lammrücken mit gratiniertem Auberginentörtchen 125
Sahnige Kartoffelsuppe mit Baccalà 109
Knollensellerie: Rehkoteletts mit Sellerieravioli
    und Schokoladen-Pfeffersauce 169

Kuvertüre
Kuvertüre temperieren (Kochtipp) 167
Orangen-Vollmilch-Mousse mit Orangenlikör 159
Panettoneküchlein mit Gewürzfeigen 77
Rehkoteletts mit Sellerieravioli und Schokoladen-
    Pfeffersauce 169
Schokoladen-Mandelparfait mit Herzkirschen 157
Tonkabohnentrüffel 167
Warenkunde 153

L

Lachs: Bunter Endiviensalat mit Lachsspieß
    und Avocado 57

Lamm
Lamm mit Tunfischsauce 119
Lammbolognese 121
Lammfilets mit Kartoffelgemüse, Tiroler Speck
    und Salsa verde 123
Lammrücken mit gratiniertem Auberginentörtchen 125
Lammschulter in Olivenöl mit Kräutern 127
Ossobuco vom Lamm mit Gremolata 129
Warenkunde 117
Lammjus (Variante) 188
Läuterzucker (Glossar) 189
Lauwarmer Muschelsalat mit gegrillten Zucchini 139
Ligurischer Kaninchensalat mit Escariol 55

Limetten-Balsamico-Vinaigrette 57
Linguine: Schwarze Linguine mit mariniertem
  Kabeljau 105
Loup de mer mit Venusmuscheln und Fenchel
  in Pergament 149

M

Maronen: Kastanienbandnudeln mit grünen Bohnen,
  Kartoffeln und Basilikumpesto 47
Miesmuscheln mit zweierlei Saucen 137
Möhren
  Hühnereintopf 89
  Lammbolognese 121
  Ossobuco vom Lamm mit Gremolata 129
  Rehkoteletts mit Sellerieravioli und Schokoladen-
    Pfeffersauce 169
Moscato: Gebackene Feigen mit Moscato-Zabaione 75
Mozzarella: Tomaten-Mozzarella-»Lasagne«
  mit Gazpachoschaum 179
Muscheln
  Austern öffnen (Küchentechnik) 141
  Gebackene Austern mit Kartoffel-
    Brunnenkresse-Salat 141
  Lauwarmer Muschelsalat mit gegrillten Zucchini 139
  Loup de mer mit Venusmuscheln und Fenchel
    im Pergament 149
  Miesmuscheln mit zweierlei Saucen 137
  Muscheln öffnen (Küchentechnik) 134
  Spaghetti mit pochierten Austern 143
  Tomatenrisotto mit Jakobsmuscheln 145
  Warenkunde 133, 141

O/P/Q

Ofentomaten (Grundrezept) 174 f.
Orangen-Koriander-Vinaigrette 137
Orangenzesten kandieren (Kochtipp) 159
Ossobuco vom Lamm mit Gremolata 129
Pancetta: Penne mit Trevisano und Pancetta 63
Panettoneküchlein mit Gewürzfeigen 77
Paprikaschoten
  Gefüllte Cacciucco-Tomate mit Hummer 183
  Gelierter Geflügelsalat mit Ofentomaten 87
  Lammfilets mit Kartoffelgemüse, Tiroler Speck
    und Salsa verde 123
  Pikanter Bohnensalat mit gebratenen Calamaretti 41
  Tomaten-Mozzarella-»Lasagne« mit
    Gazpachoschaum 179
Parmesan
  Risotto mit Salsiccia und Radicchio 61
  Tomaten-Brot-Salat 177
  Tomatenrisotto mit Jakobsmuscheln 145
Pecannüsse
  Gespickter Seeteufel, an der Gräte gegart, mit
    Bohnenpüree und Salsa von Räucheraal 49
  Parmafeige mit karamellisierten Pecannüssen 71
Pecorino
  Kastanienbandnudeln mit grünen Bohnen,
    Kartoffeln und Basilikumpesto 47
  Roh marinierter Artischocken-Salat mit
    Pecorinospänen 33
Penne mit Trevisano und Pancetta 63
Pescaccio vom Kabeljau mit Salsa pizzaiola 107
Pfifferlinge: Feigenravioli mit Scheiben von
  der Barbarie-Entenbrust 73
Polentalasagne mit confierter Perlhuhnkeule 91
Poularde: Hühnereintopf 89
Quatre épices (Glossar) 189

R

Räucheraal: Gespickter Seeteufel, an der Gräte gegart,
  mit Bohnenpüree und Salsa von Räucheraal 49
Ravioli: Feigenravioli mit Scheiben von der Barbarie-
  Entenbrust 73
Rehkoteletts mit Sellerieravioli und Schokoladen-
  Pfeffersauce 169
Riesengarnelen: Römersalatsuppe mit Ingwer
  und Riesengarnele 59
Risotto
  Risotto mit Salsiccia und Radicchio 61
  Risotto zubereiten 146
  Tomatenrisotto mit Jakobsmuscheln 145
Römersalatsuppe mit Ingwer und Riesengarnele 59
Rose abziehen (Kochtipp) 155
Rotbarbenfilets mit violetten Artischocken und
  Himbeer-Vincotto 35
Rucola
  Tomaten-Brot-Salat 177
  Tomaten-Mozzarella-»Lasagne« mit
    Gazpachoschaum 179

S

Sahnige Kartoffelsuppe mit Baccalà 109
Salat
  Knusper-Artischocken mit Kräuter-Mesclin
    und Ziegenkäse 31
  Tomaten-Pfeffer-Tunfisch mit grüner
    Salatvinaigrette 181
Salsa verde 123
Salsiccia: Risotto mit Salsiccia und Radicchio 61
Schalotten
  Lammbolognese 121
  Ossobuco vom Lamm mit Gremolata 129
  Rehkoteletts mit Sellerieravioli und Schokoladen-
    Pfeffersauce 169
Schinken: Kabeljau-Crostini mit San-Daniele-
  Schinken 103
Schokolade
  Cornado-Torte 161
  Gewürzschokoladenknödel mit Ingwerzwetschgen
    und weißem Schokoladeneis 165
  Orangen-Vollmilch-Mousse mit Orangenlikor 159
  Rehkoteletts mit Sellerieravioli und Schokoladen-
    Pfeffersauce 169
  Schokoladeneis 165
  Schokoladen-Mandel-Parfait mit Herzkirschen-
    Kompott 157
  Schokoladenpudding – Paolas Liebling 155
  Tonkabohnentrüffel 167
  Warenkunde 153
Seeteufel: Gespickter Seeteufel, an der Gräte gegart,
  mit Bohnenpüree und Salsa von Räucheraal 49
Senf: Hausgemachter Senf mit frischen Feigen 71
Spaghetti mit pochierten Austern 143
Spargel
  Gebratener Kabeljau mit weißem Spargel und altem
    Aceto balsamico 113
  Hühnereintopf 89
  Polentalasagne mit confierter Perlhuhnkeule 91
Speck
  Involtini vom Perlhuhn mit Südtiroler Speck 93
  Lammfilets mit Kartoffelgemüse, Tiroler Speck
    und Salsa verde 123
Spitzkohl: Rehkoteletts mit Sellerieravioli und
  Schokoladen-Pfeffersauce 169
Steinpilze: Artischocken-Steinpilz-Kasserolle
  mit Cocktailtomaten 33
Stockfisch: Sahnige Kartoffelsuppe mit Baccalà 109

T

Tarte Tatin mit Feigen und Vanilleeis 79
Tomaten
  Gebackene Ziegenquark-Fagottini mit grüner
    Tomatenmarmelade 187
  Gefüllte Cacciucco-Tomate mit Hummer 183
  Kirschtomaten-Fondue mit Frühlingszwiebeln
    und Kräutern 185
  Küchenpraxis Tomate 174
  Ofentomaten (Grundrezept) 174 f.
  Tomaten-Brot-Salat – Panzanella 177
  Tomatenfond (Kochtipp) 145
  Tomatenmarmelade 187
  Tomaten-Mozzarella-»Lasagne« mit
    Gazpachoschaum 179
  Tomaten-Pfeffer-Tunfisch mit grüner
    Salatvinaigrette 181
  Tomatensauce 174
  Warenkunde 173
Tomaten, Cocktail-, Artischocken-Steinpilz-
  Kasserolle mit 33
Tomaten, Ofen-, gelierter Geflügelsalat mit 87
Tomatenrisotto mit Jakobsmuscheln 145
Tonkabohne
  Glossar 189
  Tonkabohnentrüffel 167
Toskanische Bohnensuppe mit geröstetem Brot
  und Arganöl 45
Trüffeln: Hähnchenleber-Tramezzini
  mit Trüffelvinaigrette 85
Trüffelhohlkugeln, siehe Schokolade
Tunfisch
  Lamm mit Tunfischsauce 119
  Tomaten-Pfeffer-Tunfisch mit grüner
    Salatvinaigrette 181

V/W

Vincotto
  Rotbarbenfilets mit violetten Artischocken
    und Himbeer-Vincotto 35
Wan-Tan-Blätter: Gebackene Ziegenquark-Fagottini
  mit grüner Tomatenmarmelade 187
Weintipps
  Chardonnay 45
  Grüner Veltliner 99
  Nebbiolo 127
  Picolit 69
  Pinot noir 87
  Portwein 153
  Riesling 23
  Sangiovese 173
  Sauvignon blanc 143
  Weißburgunder 63

Z

Zabaione: Gebackene Feigen mit Moscato-Zabaione 75
Ziegenkäse
  Gebackene Ziegenquark-Fagottini mit grüner
    Tomatenmarmelade 187
  Knusper-Artischocken mit Kräuter-Mesclin und
    Ziegenkäse 31
Zucchini
  Gelierter Geflügelsalat mit Ofentomaten 87
  Lauwarmer Muschelsalat mit gegrillten Zucchini 139
  Pikanter Bohnensalat mit gebratenen Calamaretti 41
Zwetschgenröster 165

Impressum

Der Fotograf

Der gebürtige Hamburger **Jan C. Brettschneider** gehört zu den renommiertesten Food-Fotografen, der u. a. für den *Feinschmecker* oder *Country* arbeitet. Darüber hinaus visualisiert er auch People-, Interieur-, Still Life- und Reisethemen. Bei dieser Produktion stand ihm Christiane Bach als Assistenz zur Seite.

Genehmigte Lizenzausgabe für Verlagsgruppe Weltbild GmbH, Steinerne Furt, 86167 Augsburg

Programmleitung:
Doris Birk

Leitende Redaktion:
Stephanie Wenzel

Lektorat:
Adelheid Schmidt-Thomé

Innenlayout:
independent Medien-Design, München

Fotoproduktion:
Jan Brettschneider, Hamburg

Umschlaggestaltung:
Waldmann & Weinold – Kommunikationsdesign, Augsburg

Food-Styling:
Susanne Walter, Hamburg

People-Bilder:
S. 2, 51, 115, 131, 151, 171
Michael Leis, München

Visagistin:
Natalie Tomm, Hamburg

Herstellung:
Renate Hutt

Satz:
Knipping Werbung GmbH, Berg/Starnberg

Reproduktion:
Longo AG, Bozen

Druck:
Firmengruppe APPL, apprinta druck, Wemding

Bindung:
Conzella, Pfarrkirchen

Printed in the EU
978-3-8289-1433-9

2013   2012   2011
Die letzte Jahreszahl gibt die aktuelle Lizenzausgabe an.

Einkaufen im Internet:
www.weltbild.de